Ⓢ新潮新書

宮本雄二
MIYAMOTO Yuji

習近平の中国

619

新潮社

はじめに

中国が抱える難しい問題の数々を知ると、気がめいる。格差の拡大、果てしなく広がる腐敗、そして環境や食品などの汚染の深刻化……。人間社会とは皮肉なものだ。中国が抱えるこれらの問題は、すべて35年を超える長期間の経済の急速な発展、つまり彼らの「大成功」がつくりだした結果なのだ。

中国という国を理解することは実に難しい。その最大の理由は、とてつもなく多様で巨大な国が、猛烈なスピードで変化し続けているという、その事実そのものにある。人類はこれまでこのようなことを経験したことはない。中国が今歩いている道は、誰も歩いたことのない道なのだ。

象がチーターよりも速く走っている姿を想像してほしい。その風圧、まわりへの影響、いずれも巨大だ。象が速く走ろうとしたら、めまぐるしい状況の変化に頭脳を適応させなければならないし、心臓や骨組み、それを支える筋肉も、変えていかなければ長くはもたない。この「チーターよりも速く走っている象」が今の中国であり、その脳みそ、心臓、骨組み、筋肉にあたる中国の統治システムも、大きな挑戦を受けているのである。

中国の統治システムは、ご承知の通り中国共産党による一党支配なのだが、これが制度疲労を起こしている。外から見ても統治の仕組みは分かりにくい上、中国の巨大な変化が共産党そのものにも変革を迫っている。

中国社会の関心や利益は、いっそう複雑になり、多様化している。それを効果的に吸い上げ、不満を解消するメカニズムを、共産党は作り上げることができないでいる。腐敗がこれほどまでにひどいのも共産党が権力を独占しているからだが、その権力を制限することにも成功していない。

確かに中国共産党の変革の力には侮りがたいものがある。だが**中国の変化に共産党の統治能力の向上が追いつかなくなった時、共産党の統治は終わる**――これが私の現時点での仮説だ。

その激変中の中国と、日本は正真正銘の隣国となってしまった。日本人に長い間、安心感を与えてきた、日本と中国の間に横たわる〝海〟が消えたのだ。近代化された中国海軍や空軍が出現し、日本周辺や太平洋での活動を活発化させている。ほとんどすべての日本企業が中国市場と関わり、中国経済の動向は日本の株式市場に影響をあたえる。日本と中国は、名実ともに未来永劫、引っ越しできない〝隣人〟となってしまったのである。

しかも日中両国は、予見しうる将来、お互いに大国であり続ける。日本も、経済規模で中国に抜かれたとはいえ、依然として大国であり、この状態は続く。世界第三位の経済規模と1億を超える人口を持ち、イギリスやドイツよりも広い国土を持つ国が、自分は中小国だと決めこんで世界の片隅にひっそりと暮らすことなどできやしない。190を超える国連加盟国の中で、1億を超える人口を持つ国は10数か国しかないのだ。

そうであるならば、日本と中国の関係を、予測可能な、安定した協力関係にするしかない。なぜなら大国同士の抗争は、単に二国間の関係に影響を与えるだけではなく、世界全体にとっても甚大な影響を及ぼすからだ。

第二次大戦後、大国同士の戦争は起こらなかった。起こせなかったからだ。科学技術の急速な進歩は、戦争の破壊力を格段に高めており、その巨大な破壊力に耐えられる国はない。それに経済のグローバル化が今日ほど深まった時代もない。経済のグローバル化がこれだけ進み、経済の相互依存がこれだけ高まった今日、大国同士の争いは世界経済全体にとって致命傷となる。これらの理由で大国の間には一種の〝抑止力〟が働き、戦争が阻止されてきた。

そのような、戦争に関する今日の世界の〝常識〟を無視して、愚かにも大国同士で戦争を始めれば、自国は破壊され、世界経済も崩壊する。全員が敗者になる。だから大国間の問題は〝話し合い〟で解決するしかないのだ。

私は、２０１１年に上梓した『これから、中国とどう付き合うか』（日本経済新聞出版社）の中で、中国との間に長期的な広い視野に立った「戦略的互恵関係」を構築することが日本の国益であると主張した（当然、中国の国益でもある）。これから21世紀を生き残るためには、日本はそうするしかない（中国も、そうするしかない）。

しかし、そういう理性的な議論を受け入れる素地は、日中ともに弱い。現状では、日本と中国は相手をどう扱っていいのかお互いにまだ分からずにいる。日本における中国問題、中国における日本問題は、それぞれの国ですぐに敏感な「感情問題」になってしまう。冷静に相手を見ることができず、客観的に判断できなくなってしまっている。そして極めて不幸なことに、そうした国民感情が〝国民世論〟となり、今度は両国の外交に大きな影響を及ぼし、関係の深化を制約する。

日中両国がお互い相手をどう見たらいいのか、どう位置付けるべきかという問題、つまり相互位相の問題は、まだ漂流中であり、落ち着く先が見えていない。だが、その〝漂い〟の中に、相手に対する先入観が見え隠れしている。自分の中で作り上げた相手に対するイメージに、大きな影響を受け、喧嘩しあっている。それ故に、相手に対する理解の増進は、日中双方にとり急務なのだ。

私は、日中の間で「予測可能な、安定した協力関係」を築くという、日中両国の共通の国策を達成する鍵は、両国民がお互いに相手に対し正確な認識を持つことができるかどうかにかかっていると考えている。「等身大」の相手を知るということである。「彼《か》れを知り、己《おの》れを知れば、百戦して殆《あや》うからず」（『孫子』）である。相手を知ることができれば、望ましい両国関係を構築するために何をしたらいいのかが自然と見えてくる。そして最後は自分を知れと孫子は言っている。

日本という国家や社会をよく知り、より一層立派なものにしていくことが、実は王道であり、対中関係においても最も重要な、根幹となる課題なのだ。中国の対日関係についても全く同じことが言える。中国がさらに立派な国（図体がでかくて腕力が強いだけの国ではない！）になることで、日本を冷静に見ることができるようになる。

このような問題意識を背景にして、私なりに「等身大」の中国に近づく努力をした結果が本書となった。中国をどう見るかという問題に答えるために書いたものである。一人でも多くの方に中国の実像に近づいていただきたいと思う。

もちろん中国でも、客観的な日本を紹介する良質の書物がもっと広まり、中国人の対日認識が、さらにしっかりと地に足がついた正確なものとなることを願って止まない。

習近平の中国——目次

第1章　共産党の「隠したがり体質」が陰謀論を生む

やたらに範囲が広い「国家機密」

中国で外交の仕事をしていて困るのは、彼らが決定の理由を全然教えてくれないことである。秘密の厳守そのものは、まともな国なら皆そうなので、どうということはない。問題は、秘密の範囲である。

彼らの秘密の範囲は、われわれの常識を超えて相当に広いのだ。しかも何が秘密なのかの説明もない。後になって、あなたは〝国家機密〟を漏らした、あるいは盗み取ろうとした、などと言われる。とにかくむやみやたらと〝国家機密〟に出くわすのだ。

大使時代に、どうということもない案件が、つまらぬ理由で重大な外交問題になってしまったことがある。早目に決定してもらわないと準備できませんよと何度催促しても、回答はいつも検討中。それなのに、制限時間が過ぎてしばらく経ってから、やはりお願いします、などと言ってくる。当然、大もめにもめた。相手側がそうなったのは、「最終決定されないと外には言えない」という事情が働いていたようだ。しかし、ここは誰かがリスクを引き受けて実情を話し、日本側の理解を予め得ておくべきであった。

一般的に中国共産党の党内ルールもこの傾向を助長する。たとえば〝全国的な重要政策問題〟については、党中央だけが決定する権限を持つ。党中央以外は勝手に決定したり、外に自分の主張を発表したりしてはいけないことになっている。

これを類推すれば、担当部局は上層部が決めた正式の結果しか伝えることはできないことになる。何が〝重要問題〟かは上が判断するのであり、何を外に出すかも上が判断する。下にはその権限はない。だから下の担当部局は慎重にならざるをえない。

最近はテレビや雑誌で勇ましい発言をする中国の元軍人も少なくない。そういう共産党の内部規定があるのであればなおさら、「彼らの発言は党の方針にちがいない」と思う人がいても不思議はない。

まだ党が正式に決定していない問題については、発言を禁じるルールはない。それに相手の世論を少し揺さぶろうとすれば、この種の発言も役には立つ。社会が激昂していれば、少々過激な発言をしても〝愛国無罪〟的な雰囲気で見逃されることもあろう。

しかし党が明確に方針を決めれば、それに反する党員の公の場の発言が許されることはもうない。

気分はいまだに地下組織

この「隠したがり体質」は、一つはソ連共産党の影響を強く受けたことによる。中国共産党は、その創設以来、兄貴分としてのソ連共産党の影響を、思想面でも組織面でも強く受けてきた。「隠したがり体質」と「相手を苛酷に倒す仕組み」は、中国共産党にしっかりと受け継がれている。

中国革命における共産党の先輩政党は、孫文の作った国民党であり、あの時代の中国を代表する強大な政党であった。その国民党もソ連共産党の組織論を取り入れて大幅な改革を行い、「隠したがり体質」と「相手を苛酷に倒す仕組み」を備えるようになった。結果、〝似た者同士〟の政党が厳しく対立し、血で血を洗う熾烈な闘争を行った。毛沢東の最初の夫人楊開慧《ようかいけい》も、国民党につかまり、１９３０年、銃殺されている。

だから、相手から身を守り相手を倒すために、組織の仕組みも行動も、あらゆる面でより徹底したものとならざるをえなかった。国民党が圧倒的に優勢だったため、弱小の共産党は身を守り勝ち抜くために秘密重視の姿勢を強めていった。「隠したがり体質」となった二つ目の理由がここにある。

国民党と共産党が内戦を戦った時代のエピソードにはこと欠かない。中国において、この時代に国民党の支配下で地下工作をする共産党員を主人公とした連続テレビドラマはとても人気があり、現在も多く作られている。ストーリーとしては実に面白く、放映しているとついつい最後まで見てしまう。

だが、いくらドラマで誇張されているとはいえ、あの時代の地下工作の厳しさは確実に伝わってくる。自分の身分を隠し、敵に悟られないように連絡を取り合い、指示をもらう。指示を出している人物が誰なのかも分からない。このようにして秘密を知る人物を最小限に絞り込み、工作員が捕まっても党組織への打撃は最小限に食い止める。これが彼らの生き残る道だったのだ。

ソ連共産党の持つマイナスイメージは、スターリン時代に集中的に表われる。それは、その秘密主義であり、冷酷さであり、外に対する不信であり、権謀術数であり、秘密警察であり、対外諜報機関（ＫＧＢ）であり、民主の否定であり、軍事力の信奉であったりする。そして「宣伝」、つまりプロパガンダは一貫して重視された。

このように考えてくると、今日、われわれがいだく中国共産党へのマイナスイメージは、実はかなりの部分、このソ連共産党の特徴とかぶることが分かる。ロシアと中国の政治風土の類似性がそうさせているのかもしれない。

弱者メンタリティー

中国共産党の「隠したがり体質」は、彼らの持つ国内外の〝敵〟、つまり共産党の組織以外のものに対する抜きがたい不信によって強められている。

打倒した国民党も強大な組織だったが、政権を取ってからも、今度は強大なアメリカやソ連を相手に、やっとのことで生きのびてきた。共産党はいつも強者に立ち向かう弱者だったのだ。共産党には、このように〝弱者メンタリティー〟があることを常に念頭においておく必要がある。

だから外国、とりわけ大国に対する不信感は根強い。それは19世紀以来の帝国主義列強による中国の蚕食という負の遺産に加え、建国以来の自分自身の経験に裏打ちされているのである。

現にアメリカとは朝鮮戦争を戦ったし、台湾の武力解放はアメリカに阻止された。ソ連とはイデオロギーをめぐる「中ソ論争」を激しくくり広げたし、珍宝島（ダマンスキー島）の領有をめぐり軍事衝突も起きた。ソ連の核の恫喝も受けた。

このように米ソとのイデオロギー上の確執や地政学的な抗争は、間違いなく中国の対外不信を助長した。さらにアメリカとソ連の対外諜報機関であるＣＩＡとＫＧＢの攻勢にさらされてきた。スパイ小説もどきの世界がずっと続いてきたのだ。

とりわけ89年の天安門事件には、「アメリカの策謀があった」と認定したことの影響は大きい。アメリカを中心とする勢力が中国を孤立させ、自由や人権といった民主思想や文化攻勢を通じて、平和的な手段で中国共産党政権を転覆させようとしている――。この「和平演変論」は、今日においても中国共産党の確信となっている。

すべての事実が陰謀論に収まる

このように、相手は自分たちの弱点や困難に乗じて、自分たちを倒そうとしていると思い込むと、今度は一つ一つの事実が、この陰謀論の中に見事に収まってしまう。そうなると「隠したがり体質」はさらに強まり、信じられるのは力、最後は軍事力しかない、という精神状態になる。これは人間の性向であって、別に中国人だけが特にそうだというわけではない。世界中どこでも陰謀論に満ちあふれている。だが中国共産党の独自の経験が、この傾向を強めていることは間違いない。

汚れを知らない純真無垢な中国が、列強や米ソの悪行にさらされて、こういう考え方に凝り固まってしまったなどと言うつもりは全くない。中国は、紀元前から陰謀論にはこと欠かないし、自分の長い歴史の中で似たようなことは何度も経験済みだ。しかも記録好きの中国人は、それらを詳細に書き残している。教えられなくともよく知っている。だから逆に簡単に信じてしまう。

過去の経験に基づく、中国共産党の内外の敵に対する警戒感が、陰謀論に傾き、権謀術数をやらないと生き残れないと思い、「隠したがり体質」を強める方向で働いている。それが中国を不透明な分かりにくい国にしている。

しかし、世界も中国も大きく変わった。中国共産党がこの問題を再考する時期は、とうの昔に来ている。

政権維持のためにも情報開示が不可欠に

中国共産党が天下をとって、２０１５年ですでに66年がたつ。それに先立つ革命の時代は、30年にも満たない。政権をとって国を管理し運営してきた時間の方がはるかに長いのだ。その結果、「隠したがり体質」も大きな挑戦を受けてきた。とりわけ78年に改革開放政策、つまり外に国を開き国内の改革を進める新しい政策を始めてから、情報開示は不可欠となった。

経済分野での情報開示は、ほぼなされていると見て良い。中国の統計は信用できないという話もよく耳にするが、それは意図的に間違った統計を発表しているのではなく、統計の精度そのものに問題があるからだ。これも着実に改善してきている。

なぜなら、いい加減な統計では信頼できる政策はつくれないし、無理してつじつま合わせをしても実際の成果は出ないからだ。それでは政権党としては失格である。中国も市場経済を導入し、ますます市場の役割を重視するようになってきている。市場に参加している人たちに政策の中身を分かってもらい、より正確な統計情報を開示して正しい判断をしてもらわないと、政策の効果は上がらない。だから経済に関しては、基本的なものはすべて開示されていると考えてよい。

どのような組織でも同じだが、国や社会の管理と運営は、ルール、つまり何をやって良いのか悪いのか、悪いことをしたらどんな結果になるのか、といった約束事をつくっておかないとうまくいかない。中国はその程度の組織管理は大昔からやっている。法家思想と呼ばれるものがその代表格だが、紀元前に秦の始皇帝はそれで中国を統治した。

そうなると、まず何がルールで何がルール違反かを周知させないといけない。国や社会の管理と運営に関する法令や規則の整備は進み、これらも開示されている。むしろ現在の問題は、中国の変化のスピードが速すぎ、法令や規則の整備がいつも現実の要請に追いつかないことだ。

このように中国の情報開示も進んでいる。為政者として、そうする以外に方法はないとも言える。運営するのは国家全体であり、全ての国民が対象となる。いくら一党支配の中国とはいえ、理屈もルールも説明せずに国民を引っ張っていくことはできない。13億の民を、８６６８万人の共産党員が首に縄をつけて引っ張っていくことはできない。２２４万人の人民解放軍、66万人の武装警察、１６０万人の公安がいくらもがいても、すべての国民を整列させて、思った方向に進ませることは不可能である。とりわけ経済政策や社会政策は、国民の協力と理解を得なければ何もできない。その分だけ公開の度合いも高くならざるをえない。そういう時代になったのだ。

事故を起こした列車を平気で埋められる神経

だがその程度の情報開示では不十分だ。国を治めるということは、国家と国民のために役に立つことをする職務を背負い込んだということである。

それでは何が国と国民のためになるのか？　それをだれが実施するのか？　これらのことを誰が決めるのか？　党なのか、それとも国民なのか？　国を治めるということは、こういう深刻な問題に応えるということでもある。これまでは党が決めてきた。だが、今や党と国民との力関係そのものが、国民の方に傾いている。

情報化社会がここまで進展すると、説明責任を回避できる政府は世界中にほぼ存在しなくなった。国民への説明責任は、何よりも情報の開示、つまり国政の透明性を求めている。ましてや共産党は、国民から選ばれてもいないのに、どういう資格があって中国を統治しているのか、その根拠は何かという〝統治の正当性〟の問題に長いこと悩まされてきた。そうであればあるほど、何のために何をどのようにしようとしているのかを説明し、それが国民のためになるということを結果として示さないといけない。この説明責任に対する国民の要求は、強まり続けるであろう。

そうであるのに、共産党の「隠したがり体質」の存在が国民との関係をぎくしゃくさせてしまう。世の東西を問わず、およそ組織というものは、都合の悪いものは隠したがるものだ。私は、「隠したがり体質」は、今日では統治側の都合だけで生き残っている気がしてならない。

11年7月の中国における列車事故の話を覚えている人も多いだろう。高架橋から落下した列車を土の中に埋めようとしたシーンは、世界中の人を驚かせた。生存者の調査を打ち切った後、女の子が生きて発見され、その父親は当局の人命軽視を批判し、広範な社会の支持を得た。

この事故対応から分かることは、あの当時、地方鉄道当局にとり、運行を再開することが最大のプライオリティであり、再発防止も人命救助も二の次だったということだ。それほど中国にとって経済の発展が大事であり、それ以外のことがいかに軽視されているかがわかった（その後、中国当局も再発防止と人命救助を重視するようになった）。

テレビカメラの前で、列車を埋める神経は並大抵のものではない。一声命令すれば、テレビ局は放映しないだろうと高をくくっていたのだろう。あの当時の地方スタンダードでは、「隠せる」と判断していたのだ。中国の地方では、こういうことがよく起こっていることを示すケースでもあった。

中国共産党は、公表するかしないかの線引きを改め、より多くのことを公表すべきだ。そして公表する場合、国民への説明とそのやり方をもう一度精査すべきだ。国政の質を高め、国民の支持を高めるためにも、「隠したがり体質」を改め、情報は原則開示する方向にかじを切る必要がある。それが結局は、国内の安定を強化することになるのだ。

世界も「隠したがり体質」の改善を求めている

中国は、名実ともに世界大国となった。経済規模は着実にアメリカに迫っているし、軍事力の増大も目覚ましい。そして世界の指導的な大国になるという明確な国家意思を持っている。

ここが日本とは違う。日本では経済が日の出の勢いであったときでさえ、世界のリーダーになる気はなく、国際的責務を引き受けることに腰が引けていた。そしてミドルパワー（中規模国家）への願望が消えることはなかった。

中国は、世界のリーダーとなる野心をはじめから持っている。だが世界のリーダーの要件の一つが説明責任であり、それが義務であることを自覚すべきだ。世界をリードしていこうとすれば、自分の考え、特にどういう世界を、どのようにして実現しようとしているのかを説明し、そのために何をしようとしているのかを具体的に語らなければならない。そして表明された考えと実際の行動が一致することを示さないと、誰もついてこない。中国が物理的には世界の大国となる力を持ちつつあるのに、考え方と行動がリーダーとしてふさわしいものにならなければ、それは世界にとっての不幸になる。

アメリカの行動には、時には首をかしげたくなるものもある。しかしアメリカ政府は、世界に説明する前に、まず自国民に対し説明をし、理解を得ないと行動できない仕組みになっている。アメリカの民主主義のプロセスが、この説明責任と透明性を保証しているのだ。だから全世界が、アメリカの実際の行動の背景にある考えと目的を理解でき、自分たちの立場を決めることができる。それだからこそ、世界は最後にはアメリカの方に目をやり、その指導力に期待する。

戦後首相になった元外交官の幣原喜重郎は、駐米大使をしていたころ、日本からの移民問題に対するアメリカの理不尽な対応に腹を立てていると、同僚のイギリス大使に「アメリカ人は外国に対して不正行為を犯すことがある。しかしアメリカ人は、自己の発意でそれを矯正する。これは多年の歴史が証明している」とたしなめられたという。その後の歴史も、この観察が正しかったことを証明している。

中国が世界のリーダーになりたいならば、「隠したがり体質」は大きな障害となる。情報を不必要に隠せば隠すほど、中国の本当の考えや目的が分からず、中国脅威論が高まるばかりだ。

中国共産党が、透明性と説明責任という政権党としての当然の義務を、国の内外に対して十分に果たすべき時期はすでに到来している。中国共産党が自分たちの内部ルールをもう一度見直し、圧迫される弱小組織だったころにつくりあげられたものから、世界大国たる中国の政権党としてのそれにつくり変えることは、時代の要請なのである。

第2章　組織は強大でも人材不足の共産党

共産党を過小評価した私の判断ミス

中国理解の難しさを私自身、身に染みて思い知らされたことがある。

それは、01年のはじめ、二度目の4年に近い北京勤務を終えて帰国したときのことだった。69年に外務省に入省してから10年以上中国関係の仕事をしていたし、中国のことを本格的に勉強すると決めてからでもすでに8年がたっていた。にもかかわらず、私は中国の将来予測を大きく間違えたのだ。

私は当時、中国共産党の統治はあまり長くはもたないのではないかという結論的なものを持って帰国していた。腐敗をはじめ、中国のかかえる問題は、それほどに深刻化していたからだ。中国の変化のスピードは速く、共産党の統治の仕組みの再構築、それを支える考え方の変化、人材の養成などが間に合わないと思った。

国民の不満は必ず爆発する。これが私の直感だった。私的なペーパーではあったが、この結論を共産党の統治は〝5年持つかどうかだ〟と、具体的数字を入れて外務省内で配ったことを覚えている。

中国のその後の現実は、私の予測を見事にくつがえした。外務省の中では比較的よく中国を知っていたつもりだったが、判断ミスをしたことは明白だ。中国をさらに謙虚に徹底して理解しなければならないことを思い知らされた。

私の判断のどこが間違っていたのか。私は、そのことを必死になって考え続けてきた。このような判断ミスは、プロとして許されるものではない。その後の私の分析なり結論なりが、「そう簡単に中国は崩壊しない」となったのは、この自分自身の失敗に学んだ結果である。

暫定的な結論は、私には次の二つの基本的なことが十分に分かっていなかったということである。〝暫定的〟としたのは、中国に関しては私が生きている間に恐らく〝最終的〟なものにたどりつくことはないだろうという予感に基づく。竹内実の『中国という世界』を読み始めると、すぐに「問題を設定するのも難しい」し、「答えたとしても、答えは問いとなり、さらなる答えを求められる」という記述に出合う。中国研究とは、しょせんそういうものなのだろう。

私の暫定的な結論の一つ目は、中国的なものの考え方に対する理解が不十分だったという点だ。

中国の規模と多様性、あるいは歴史からくる中国人のものの考え方に対する理解が甘かったということだ。もう少し中国の人文科学を勉強しろ、ということでもある。簡単に自分の結論に飛びつかずに、もっと中国の基準、つまり「中国スタンダード」で考え判断するようにすべきであった。中国人だったらどう考えるのかということにこだわるということだ。だが、「中国スタンダード」なるものは、実は中国が分からないと理解できない。要は中国をもっと良く理解しろ、ということに尽きる。

もう一つが、中国共産党の統治能力を過小評価していたという点だ。

中国共産党も不断にその統治能力を高めていたのだ。問題の深刻化と共産党の統治能力の強化との間の競争関係を、バランスよく考えないと結論を間違う。中国を分析する際、共産党の統治能力の向上を変数として入れておく必要がある。ところが私はそれを変数に入れる意識が弱かった。

このように私が中国の将来予測を間違った大きな原因の一つに、共産党の統治能力に対する過小評価があった。逆に言えば、中国がどうして崩壊しないのかという問いに対する答え、それもかなり大きな部分が、共産党の統治能力の強靱さにあると言える。

現状を把握し、問題点を抽出し、対応策を考え、組織を整備し、人材を養成し、その上で政策の実施を担保する共産党の力を決して過小評価してはならない。もちろん共産党のかかえる問題も実に多く、深刻である。

だから中国の将来は、これらの問題の深刻化のスピードと、それらに対応する共産党の統治能力の向上のスピードの相関関係にかかっている。問題の深刻化のスピードが勝るか、あるいは統治能力向上のスピードが劣るようになれば、その時は現在の統治システムが終わる日だ。

本章では、その共産党の統治能力の実態に迫ってみよう。

あらゆる組織に党組織

個々の共産党員が〝細胞〟であり、それが集まって党組織となる。中国のネットで「細胞がきれいだと身体もきれいになる」という記事に出合ったことがある。共産党という組織（身体）をきれいにするためには、一人一人の共産党員（細胞）がきれいにならなければならないという主張だ。

中国共産党の党員数は、８６６８万人（２０１３年末）に上る。中国国民の１００人に6人が党員ということであり、相当の数だ。そして、組織に正式党員が3名以上いる場合には、党の末端組織（基層組織）をつくらなければならないことになっている。その結果、全国のあらゆる組織に党組織はつくられている。外資系企業といえども例外ではない。さまざまな組織のなかに党組織が入り込み、これらの党組織が秩序だって統一的な全国組織の中に組み込まれている。指揮命令系統もはっきりしており、軍隊組織にかなり近い。

日本には市町村の地方自治体が現場の状況を把握し、それを県に報告し、県が国に報告するチャネルしかない。しかし日本では地方自治が機能しているし、それぞれの首長は直接住民に選ばれている。その分、上下の指揮命令の関係は弱くなる。東日本大震災では、その末端の行政組織が崩壊し、県も国も現状の把握に苦労した。市町村の機能が停止すると、情報もそこで止まってしまう。

中国では、党が〝指導〟するだけでなく、党と行政の幹部はほとんど同じ人物がやっている。党も政府も結局は同じことなのだ。末端の行政組織が機能停止を起こしても、党員さえ生き残れば党システムは機能し、党は現状をかなりの程度、把握できる。常に上級への報告義務があるからだ。これが〃細胞組織〃の強みと言える。

このピラミッド型の党員配置を用いて08年の四川汶川大地震後の現場の行政が執り行われていた。09年に私が視察した被災者住宅は、政府ではなく党の直営事業だった。このシステムの効率は高い。たとえば現場で電気が足りないと言えば、その要求は党のラインで必要なところまで上がり、党として電力部門に指示を出せば、電力は供給される。

四川大地震で発揮された底力

この四川汶川大地震は、マグニチュード7・9、死者行方不明者8万7000人を出し、負傷者は37万5000人に達する大災害であった。このときの対応の仕方にこそ、中国共産党の底力が示されている。

一例を挙げれば、多くの負傷者が次々に四川省の省都である成都市に運ばれてくる。そこもすぐに受け入れ能力を超える。そこで党は、中国の航空会社に航空機を成都に集めるように指示を出す。日本のように航空法第何条に基づき云々などと言う必要はない。党と国の命令であり、国有企業であろうと民間企業であろうとノーとは言えない。

成都空港に次々に航空機が集まってくる。その航空機に今度は300人、500人と負傷者を載せ、北京、上海、広州といった病院を多く持つ有力都市に向かわせる。後はそれぞれの都市の党と政府が負傷者の面倒を見る仕組みだ。こうして負傷者対策はあっという間に完了する。

私が視察した遼寧省の大連も大忙しだった。震災で授業を受けられなくなった生徒と先生を数千人単位で受け入れ、授業を続けさせるのが彼らの仕事だった。復興の段階でも、沿海部の豊かなところは、すべて震災復興を手伝わせられている。費用は基本的に沿海部の地方政府が持つ。かくして1年で、かなりの復興が進んだ。

このように、党中央という頭脳のもと、党組織という神経系統を使って末端まで指示どおりに動く仕組みがつくられているのだ。これが私のいう〝中国は政治で動く〟、〝中国は政治の国である〟ということの今日的な意味だ。中国の政治の中心に共産党が座っているのである。中国では共産党の考えた方向でものごとは動く。私が〝中国の政治に気をつけなさい〟という場合、大体において共産党の動きに気をつけなさいということを意味する。中央の動き、地方の動き、そして個々の指導者の属人的な動きを理解する必要がある。とりわけ中央あるいは地方において共産党のトップが変わった後は要注意だ。人事異動の波が起こり、これまでの権力者が突然そうではなくなる。敏感なアンテナが必要であり、中国ではそれがないと生き残れない。

中国を理解しようとしている人たち、とりわけ中国と接する機会が多い人たちにとって、中国共産党を理解することは格別の意味を持っている。

共産党の基本構造

共産党は、党中央という「頭脳」をもち、党組織という「神経」をもち、それぞれの党員が「神経細胞」を構成している。そして中国という「身体」を動かしている。

その共産党の基本形は、党規約に定められている。

中国で最も重要な言葉の一つに「単位」というものがある。中国の末端組織はここから始まる。個人が所属する組織であったり、団体であったり、部門であったりする。共産党の社会管理の基本となるものが「単位」と呼ばれるものであり、すべての分野が「単位」に整理されていく。

共産党の末端の組織を形づくる「単位」は、「基層単位」と呼ばれ、あらゆる分野、あらゆる地域を網羅している。党規約では①企業、②農村、③政府関係機関、④学校、

⑤研究機関、⑥都市部の末端行政組織（「街道社区」）、⑥社会団体・社会仲介組織、⑦人民解放軍の連隊等がそれに当たる。

この企業や学校といった「基層単位」と呼ばれるものには、共産党員以外の人たちも多くいるし、企業や学校を管理し運営するための組織は当然ある。それとは別に共産党の組織があるということだ。そこに正式党員が3人以上いる場合は、党の「基層組織」を作らなければならない。

この党の「基層組織」の中心にあって指揮するのが、党の「委員会」と呼ばれるものである。会社でいえば取締役会のようなものだ。この「党委員会」が、このレベルにおける最も重要な組織である。その構成メンバー（委員）とトップ（書記）は、党員の数が少なければ党員の直接選挙で、一定数を超えれば党員が選んだ「代表」からなる「代表大会」において選出される。「代表大会」が会社でいう株主総会のようなものだ。任期はすべて5年となっている。

これが中国共産党の基本形であり、この基層レベルの上に省レベルの中間組織があり、いちばん上に党の中央組織がある。全国レベルの党委員会は「中央委員会」と呼ばれる。12年11月の第18回党大会で、第18期中央委員会が選出された。その直後に開催された中央委員会全体会議（「一中全会」と呼ばれ、第18期中央委員会第1回全体会議の略称）において、政治局委員（表1）と政治局常務委員会委員（表2、以下常務委員と略）が選ばれ、総書記に習近平が選出された。

この過程では、まず8668万人の党員が2325人の党大会代表を選び、彼らが205名の中央委員を選び、中央委員が25名の政治局委員、7名の政治局常務委員、および1名の総書記を選んだ。

党大会は5年に一度しか開かれないので、その職務と権限は中央委員会に委譲されている。中央委員は、大臣だったり地方の党委員会の書記や省長だったりするので、彼らが参加する全体会議をしょっちゅう開くわけにはいかない。大体、年に1回程度だ。

そうなると、中央委員会の職務と権限を政治局に委譲しておかないと、いざというときに間に合わない。政治局委員は、政府でいえば副総理クラスの位置づけである。党、政府、人民解放軍などの主要部門をたばねる地位についているし、主要な地方政府のトップの地位にある。彼らは特に重要な部門を任されており、会議に頻繁に出席して国政全般を見ることは難しい。

７人の最高指導者

そこで、いわば専従として国政を四六時中眺め、必要な決定をしていく仕組みとして政治局常務委員会がつくりだされた。はやりの言葉を使えば、彼らが「チャイナ・セブン」であり「党中央」そのものなのだ。

その顔ぶれからも分かるように、中国で最も重要な機関のトップを網羅している。習近平と劉雲山（中央書記処書記）で党全体の切り盛りをし、王岐山が党の紀律検査を仕切る。李克強と張高麗で国務院を切り盛りする。張徳江と兪正声で、それぞれ重要な国家機関である全国人民代表大会（全人代）および全国人民政治協商会議全国委員会（全国政協）を統《す》べる。彼らが中南海で頻繁に顔を合わせ、相談をし、国家の重要事項を決めることになっている。

建前はそうなのだが、習近平の時代になり、少し様子が違ってきているように見受けられる。習近平のリーダーシップは前総書記の胡錦濤よりは強く、かなりの部分を自分で決めようとしているようだ。

政治局委員までは一人一人の序列はついておらず、中国式の筆画順、日本でいう五十音順で登場する。だが、政治局常務委員になると序列がつき、テレビを見ていても微妙

表1　第18期中国共産党中央政治局委員

習近平（1953年生まれ）	中央委員会総書記
馬凱（1946）	国務院副総理
王岐山（1948）	中央紀律検査委員会書記
王滬寧（1955）	中央政策研究室主任
劉雲山（1947）	中央書記処書記、中央党校校長
劉延東（女）（1945）	国務院副総理
劉奇葆（1953）	中央書記処書記、中央宣伝部部長
許其亮（1950）	中央軍事委員会副主席
孫春蘭（女）（1950）	天津市党委員会書記
孫政才（1963）	重慶市党委員会書記
李克強（1955）	国務院総理
李建国（1946）	全国人民代表大会常務委員会副委員長、全国総工会主席
李源潮（1950）	国家副主席
汪洋（1955）	国務院副総理
張春賢（1953）	新疆ウイグル自治区党委員会書記
張高麗（1946）	国務院副総理
張徳江（1946）	全国人民代表大会常務委員会委員長
范長龍（1947）	中央軍事委員会副主席
孟建柱（1947）	中央政法委員会書記
趙楽際（1957）	中央書記処書記、中央組織部部長
胡春華（1963）	広東省党委員会書記
兪正声（1945）	全国人民政治協商会議主席
栗戦書（1950）	中央書記処書記、中央弁公庁主任
郭金龍（1947）	北京市党委員会書記
韓正（1954）	上海市党委員会書記

表2　第18期中国共産党中央政治局常務委員

習近平（1953）	中央委員会総書記
李克強（1955）	国務院総理
張徳江（1946）	全国人民代表大会常務委員会委員長
兪正声（1945）	全国人民政治協商会議主席
劉雲山（1947）	中央書記処書記、中央党校校長
王岐山（1948）	中央紀律検査委員会書記
張高麗（1946）	国務院副総理

表３　中国の統治体制

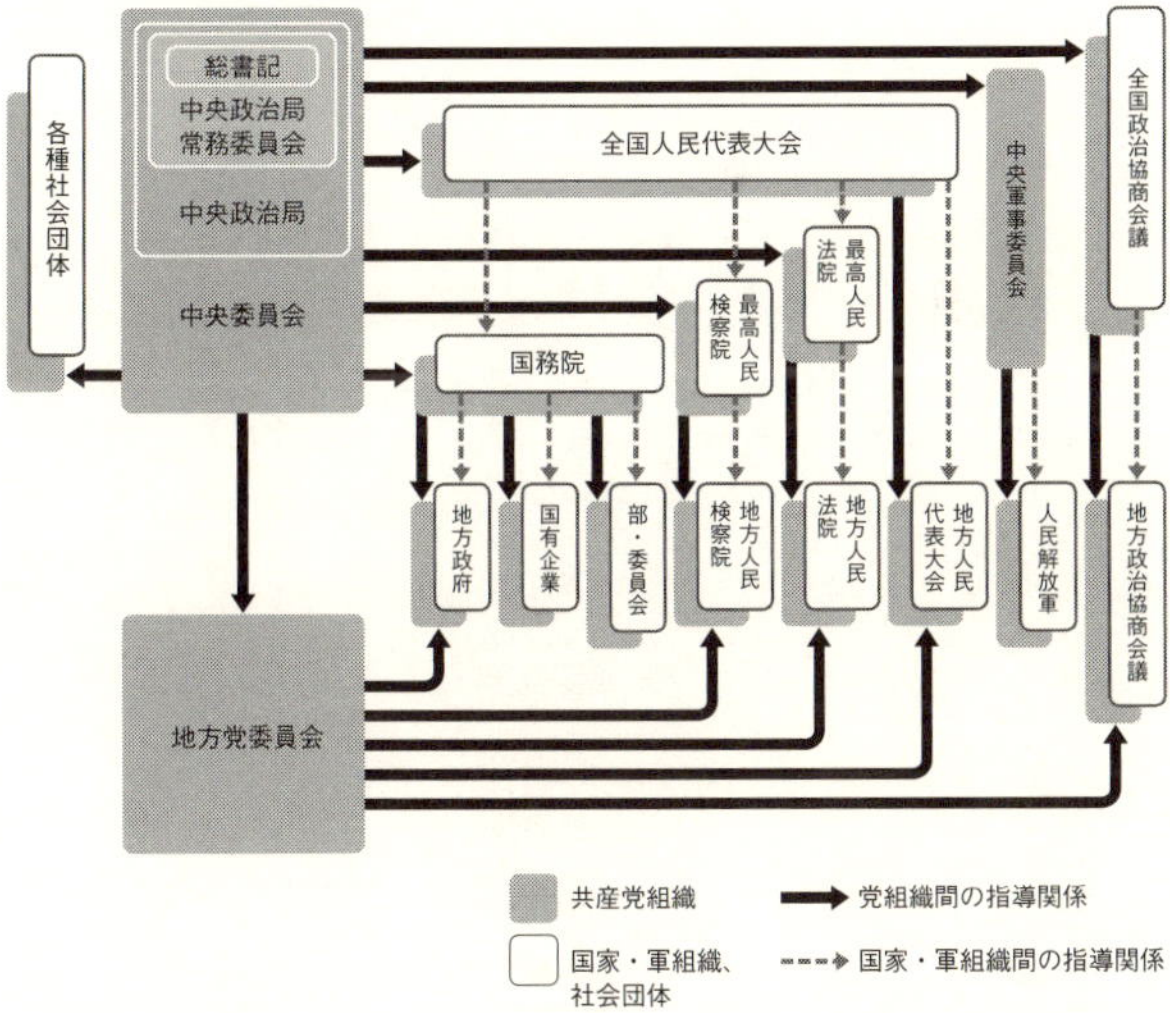

にそれぞれの立ち位置が異なり、一見して誰が上位にいるかが分かるようになっている。当然、総書記がナンバーワンで真ん中に立ち、その他を従えて歩く。表2の順番がそれを表している。

地方勤務者を除き政治局委員以上は全員が中国共産党本部のある「中南海」と呼ばれるところで勤務している（中央委員ではあるが、重要な任務を与えられ、副総理の待遇を与えられている「国務委員」も、中南海で仕事をしている）。

北京には有名な観光地でもある北海公園がある。人工の湖である北海は、中海と南海と呼ばれる別の人工湖とつながっている。いずれも王宮（紫禁城）の一部であったが、北海は公園となり、中海と南海、つまり「中南海」は共産党の本部になった。

このように中国では地方でも中央でも共産党がすべてを「指導」する。その中心が党委員会、そして党委員会の権限を委譲された常務委員会であり、書記である。もし中国の地方で党常務委員の肩書を持つ人物に会ったら、大いに敬意を払っておいたらいい。

憲法の前文にも「共産党の指導」

「共産党の指導」は、これから何度も出てくる中国理解のキーワードであり、とても重要なものだが、その位置づけはかなり微妙だ。

憲法の前文において「共産党の指導」によって中華人民共和国が成立し、「共産党の指導」の下に社会主義国家をつくる、と書いてあるだけなのだ。共産党規約を眺めても『四つの基本原則』の一つとして出てくるだけで、具体的な解説はない。だが中国では誰もが当たり前のこととして「共産党の指導」を口にし、それが行われている。

国家や党の基本文書に何の説明もないことが我が物顔に闊歩しているところに、実は深刻な問題が隠されているのだが、しばしそれを脇において、現場でどういう風に「共産党の指導」が行われているかを見てみよう。

「共産党の指導」は、あらゆる組織の中に共産党の細胞組織が浸透していることで可能となる。特に中国の統治にとって重要なセクターや組織は、すべて共産党員がトップに就いているし主要幹部も党員が当てられている。この人事の重なりが、実は「共産党の指導」を実質上担保しているのだ。

中央政府を例にとってみよう。国務院総理の李克強と筆頭副総理の張高麗は、同時に政治局常務委員会のメンバーであり、党中央の重要な会議に参加し党の方針と政策を決めている。張高麗以外の副総理は全員が党の政治局委員であり、大臣は原則、党の中央委員である。党が重要方針を決めれば、党員が各部門のトップを占める国務院がそれを実施する。そういう役割分担となっている。

政府だけではない。日本の議会に近い人民代表大会も、政治協商会議もそうだ。大学も学校も、研究機関も新聞社もそうだ。大学でも党委員会が最も重要であり、その書記は副学長を兼務する場合が多いが、学長より力を持っている。国有企業も当然そうだし、民営企業の実力者も共産党員になるものは多く、これもまた「共産党の指導」に従う。かくして全中国に「共産党の指導」があまねく行き渡ることになる。

党中央を支える「中央書記処」

このように政治局常務委員会が名実ともに最高の権力機構であり、「党中央」である。だが、いかなる機構であっても、それを支える事務局的な官僚機構、つまり会社の秘書室や政策企画部門に当たる組織が必ずある。

それを共産党では「中央書記処」と名づけている。政治局及び政治局常務委員会の事務機構という位置づけになっており、そのメンバーは政治局常務委員会の提案に基づき中央委員会全体会議が決定する。

この「中央書記処」の存在が、内外のさまざまな重大問題を党中央が日常的に検討し、決定することを可能としている。まさに重要問題の荒ごなしをし、日常業務の段取りをつけ、会議の準備をし、決裁用の文書を作成したりするところだ。
逆に言えば、そのために「中央書記処」が設置された。ある意味で、ここが本当の権力の中枢かもしれない。現在、ここには7名の書記がいる。

中央書記処書記

・劉雲山　政治局常務委員、精神文明建設指導委員会主任、中央党校校長、中央機構編制委員会副主任
・劉奇葆　政治局委員、中央宣伝部部長
・趙楽際　政治局委員、中央組織部部長
・栗戦書　政治局委員、中央弁公庁主任
・杜青林　全国人民政治協商会議副主席
・趙洪祝　中央紀律検査委員会副書記
・楊晶　国務委員兼国務院秘書長

このメンバーの選出の基準はよく分からないが、前例を見ていくと一つのパターンが見えてくる。82年以来、「中央弁公庁」主任は必ずメンバーとなっている。

「中央弁公庁」は、党規約に基づく正式の組織ではないが、共産党ができて間もなくから存在していた。現在では総書記と「中央書記処」の仕事を支える組織であり、「中央書記処」の事務局的な存在である。秘書軍団的な実務者集団であり、まさに中南海の超エリート官僚機構である。党中央の直接の指揮を受けて仕事をする。文書の起案や管理、秘密保持の他、指導部が必要とする仕事を手伝う。総書記と一体となった存在であり、権力の〝中枢の中の中枢〟と言える。

中央弁公庁主任は、総書記の側近中の側近なので、中央書記処のメンバーになるのは当然だ。現在は栗戦書であり、習近平とは80年代のほぼ同じころ、ともに河北省の県の党委員会書記をやっていた仲間だと言われている。日本政府でいえば官房長官であり、会社であれば秘書室長に当たり、一日24時間、総書記の傍らにいてすべてのことに関与している。

「中央書記処」のそれ以外のメンバー（書記）には、92年から、中央紀律検査委員会の責任者および中央宣伝部部長（兼政治局委員）が常連として参加している。

現在「中央書記処」のトップに座る劉雲山は、書記の中で唯一の政治局常務委員であり、また唯一の書記経験者でもある。彼は02年から10年間、中央宣伝部部長として「中央書記処」に参加していた。この「中央書記処」の筆頭書記には、直前まで習近平が座っていたことを踏まえると、劉雲山が重要な役割をはたすことが想定されている。

また97年から人事と党員教育担当の中央組織部部長のポストに就いた者も「中央書記処」に参加するようになっている。つまりこのポストは重要だということである。

党中央の「頭脳」中央政策研究室

党中央を政策の面で支えるのが「中央政策研究室」である。その主任をつとめる王滬寧《おうこねい》は学者であり、上海の復旦大学から95年に「中央政策研究室」に移り、02年に胡錦濤体制の発足と同時に、副主任から主任に昇格した。習近平も彼を重用しており、12年の党大会でついに平の中央委員から政治局委員に昇進した。

「中央政策研究室」は、まさに中南海の〝知庫〟（シンクタンク）であり、政策面での影響力は大きい。神経組織としての中国共産党の〝頭脳中の頭脳〟と言える。当然、極めて重要な組織である。胡錦濤時代、国家主席の外国訪問には、中央弁公庁主任（2007年からは令計画）とともに、この王滬寧が必ず同行するようになったが、習近平時代になってからもそれは続いている。

この「中央政策研究室」も生半可なものではない。10の研究部門をかかえており（①経済研究局、②党建設研究局、③哲学歴史研究局、④文化研究局、⑤政治研究局、⑥社会研究局、⑦農村研究局、⑧総合研究局、⑨情報研究局、⑩国際研究局）、党の重要文献の起草や指導者の講話の起草を担当している。党の組織や理論の問題、あるいは党中央が行おうとしている重要政策について、その実現可能性を調べ、対策を提示することもやっている。

この「中央政策研究室」は、党中央の権威と権限を背景に中国のすべての研究機関やシンクタンクを使い、その成果を利用できる。国家的研究機関として社会科学院があり、党員としての登竜門となる中央党校にも立派な研究部門がある。人民解放軍も政府の各部門も、それぞれ研究部門を持っている。また、中国には膨大な数のシンクタンクがあるが、中国のシンクタンクと呼ばれるもので、党や政府と関係のないものはほとんどない。「中央政策研究室」は、これらのシンクタンクをすべて使える。

一例を挙げると、80年代末から90年代初めにかけて、ソ連東欧の共産主義政権が次々に崩壊していった。このとき党中央は中国の全研究機関に、その原因とこれからとるべき対策について研究させている。そしてそれらの研究成果をもとに、ソ連を反面教師として、ソ連と同じ轍を踏まないように、対策を立て実行している。

中国経済に関して盛んに議論されている〝バブル崩壊〟についても、17世紀のオランダのチューリップバブルに始まり、日本のバブル経済の崩壊に至るまで、すでにすべてのバブル経済を研究済みだと考えておいた方が良い。

彼らの調査研究能力は高い。中国共産党は、これまで党の直面する主要課題について、膨大な研究を行わせ、その研究成果をもとに、対策を打ってきている。この中国共産党の現状を把握する能力、問題点を抽出する能力、解決策を策定する能力は、実は中国共産党の〝知庫〟能力にあったと言える。その〝知庫〟の中心に「中央政策研究室」が泰然と位置しているのである。

扱いがやっかいな「中国式相談」

中国共産党の人材へのこだわりには大変なものがある。優秀な人材を取り込む努力もしているし、教育にも気を使っている。いかなる組織であれ、優秀な人材の採用と教育は、組織の重点項目の一つだ。

だが中国共産党の人材への強いこだわりは、彼らのシステムが良質の人材がいないとやっていけなくなっているから、という側面もある。共産党のマネジメントの仕組みは、あまりに複雑になりすぎて、良質の人材しかあやつれないものになっているのだ。

たとえば彼らの組織運営のキーワードの一つに中国語でいう「個別醞醸《うんじょう》」というものがある。とにかくあらゆる重大問題については「個別醞醸」をしなければならない。会議の議題や議事の運営の仕方、あるいはあらゆる種類の候補者を決める場合など、すべてこのやり方でやらなければならないことになっている。

「個別醞醸」は、実に中国的なプラクティスであり、分かりにくい。「醞醸」という言葉は、お酒を熟成させるように、話し合いながら物事を決めていくことを言い、日本でいう「根回し」に近い響きがある。『中日大辞典』（愛知大学／大修館書店）では「下相談をする」「非公式の予備討議（議論・協議）をする」と訳しており、中国の公式の日本語訳では「検討」となっているが、これだとニュアンスが伝わらない。やはり「中国式相談」と訳しておこう。

中国のある文章の中に、「中国式相談」を〝調和剤〟であり、〝結合剤〟であり、〝促進剤〟だと表現しているものがあった。この「中国式相談」がなければ、党委員会の会合は何でもイエスの〝翼賛会〟となるか、果てしなく議論が続く〝激論会〟となってしまうというのだ。だから、じっくり事前に相談しあうことにより、横の連帯も生まれるし、みんなの考え方を統一できる、と主張する。

しかし現実は、この「中国式相談」が容易でないことをうかがわせる事例に事欠かない。とりわけ基層組織の党委員会においては、「中国式相談」が行われずトップの独断専行になったり、また「中国式相談」が行われたとしても、結局はトップが望むような党委員会の流れをつくる場となったり、〝家長式〟に説得する場となったり、〝上意下達〟の場となったりしているようだ。

だから「正しい」中国式相談が重要になるということのようだが、実際に何が正しいのかを見極め行動するとなると、至難の業だと言わざるを得ない。

日本では公式の会議の手続きやルールはある。しかし〝根回し〟の類の非公式の相談に関するルールはない。日本政府内で〝根回し〟をやった経験から言えば、それは個々の人格と人格のぶつかり合いであり、やり方は千差万別である。そのような無数にあるものルール作りは、そもそもその性格上、不可能だというのが私の実感だ。

ところが中国共産党は、このようなもともと〝非公式〟が適しているものを〝公式化〟してしまっている。しかも正面から制度としてルール化を推し進めようとしている。無数にあるものをルール化しようとすれば抽象的なものにならざるを得ない。すると、再びその解釈は個々の裁量に戻ってしまうのだ。中国の現場は、このように微妙なハンドルさばきを必要とするやり方を押しつけられている。

これを上手にやれる人の数は限られる。「中国式相談」を誰でも合格点をとれるものにできるかどうか。共産党の実に難しい課題の一つと言える。

共産党の内部ルールは、「中国式相談」以外にも、筋を通しながら、柔軟かつ上手に組織をまとめ、引っ張っていくことを要求しているものが多い。あらゆる要素を十分考慮し、その場の状況で最適と判断されることをやり、しかもそれが党の方針を貫徹するものになっていることを求めるのだ。そんなアクロバットができる人材は、いかなる社会であろうと限りがある。ここに共産党の組織上の一つの大きな限界があると言える。

入れたい人は入らない、入れたくない人は入りたがる

共産党の党員数は2000年以降急増し、毎年約200万人ずつ増え、13年末には8668万人となった。やはり入党したい人は多いのだ。

それもそうだろう。共産党員になることは、中国において一種の特権階級に属することを意味する。昇進にも有利であるし、庇護も受けやすい。中国のような超過激競争社会において、共産党員の資格は大きな意味を持っている。人間から野心がなくならない限り、共産党員の数は増え続ける。

数十年前には、中身を理解しないで発言するトンチンカンな幹部にときどき出会ったが、現在は大臣クラスを含め、すべてメモなしでの発言が可能だ。高級幹部の質の向上は著しい。幹部の学歴も上がり、人事制度も研修制度も大幅に改善されている。だが末端の幹部や党員になると問題は多い。

80年代の初め、北京の大使館勤務のころのことだ。人民日報（共産党の機関紙）がなかなか立派な社説を書き、現状を冷静に分析し、良い解決策を提案していた。中国の友人に、共産党もなかなかのものだとほめると、「君は中国の末端の党員がどういうものか知っているのか。上がいかに立派な政策をつくっても、実施するのは彼らだ。現場がダメだったら良い結果が出るはずがないではないか」と注意された。この経験から「結論は、中国の現場を理解し、結果を見た後でなければ出してはならない」という教訓を学んだ。

共産党も実情はよく分かっている。そこで末端の人材登用には気を使う。社会の優秀な人材（彼らはこれを「先進分子」という）に日ごろから目をかけ、教育し、入党に導くのが彼らの方針だ。具体的には、コミュニティの活動家、成功した起業家、企業の経営幹部、科学技術の第一線にいる者といったところをリクルートの対象にしている。良質の人材を確保するために入党のハードルを相当高くし、誰でも入れるものではないようにしている。

ところが政権党としての仕事は急増しており、人が要る。良い党員は増やしたいのだが、中国では具体的数値目標を決めて発破をかけないと下は動かない。そこで上が何人増やせという目標を決めると、下は人数合わせで対応し、水準以下の者まで入ってくる。おかげで思想よりも利益重視で入党する者が後を絶たない。

さらに言えば、優秀な人材であっても本当に責任感のあるまじめな人は、党員になることからくる負担や義務の大きさに、入党を躊躇する。それほど党員は、実に多くの義務や任務を課せられるのだ。とにかく徹頭徹尾〝立派な人〟でないと党員はつとまらないというのが、共産党員の資格要件なのだ。

これを厳格な日本スタンダードでやろうとすると、それができる人はほとんどいないか、いてもごく少数ということになろう。それよりはかなり融通の利く中国スタンダードであっても、決して容易なことではない。

90年代の終わりごろ、貧困地区支援事業で地方の県レベルのリーダーたちと交流したことがある。彼らは、まさに村長さんであり、夫婦喧嘩程度の争いから始まって、村で起こるほとんどあらゆることに責任を持たされていた。一年３６５日、一日24時間、仕事をさせられている。地方の末端の指導者は実に大変だなと思ったものだ。

したがって、責任と義務の大きさに照らして、共産党員になるのは割に合わないと思う人も少なくない。だから利益目当ての者も出てくる。それを排除し、良質の人材を党に取り込むのは、中国スタンダードであっても簡単なことではないのだ。

末端の腐敗は深刻

しかも末端の指導者は、その地域において、ある意味で絶対的な権力を持つ。ここに腐敗の根本的な原因があるのだが、党の仕組みがそうなっているのだから始末が悪い。

党委員会がすべてを指導する仕組みとなっており、しかも「中国式相談」が権力の集中を助長する。

党の基層組織の選挙の仕組みを見ただけでも、党委員会とそれを牛耳るボスが絶大な影響力を持つのは当然だという気になる。とりわけ候補者を指名し、確定するプロセスを少数の指導者と部門が牛耳っている弊害は大きい。

権力は党委員会のナンバーワンである書記に集中する。また人事部門や関係部門が口出しできる余地も大きい。それが〝猟官運動〟や〝官職の売買〟といった汚職や腐敗の原因となる。

中国国内の議論でも、候補者の指名および確定の具体的な方法を、もっとルール化する必要があることが指摘されている。また末端では人材が固定化し、優秀な人材が払底しているので、候補者を見つけだす方法も改善する必要があるとの意見もあるし、党員が全員参加する直接選挙の範囲を広げる意見も出始めている。これは「党内民主」、つまり共産党の内部で民主主義を実現することにもつながる議論である。

しばらく前、海外移住を専門にする弁護士のところに村長さんたちが押し寄せているという話を聞いたことがある。海外移住のためには巨額の費用がかかることを説明しても「何の問題もない」と豪語するというのだ。反腐敗運動の強まっている今、どうしてこういうことが可能なのか。私の質問に対し、ある事情通はこう答えてくれた。「党員の腐敗を取り締まる制度の構築は、まだ末端まで及んでいない。しかし、末端が一番腐敗しやすい。だからこの連中が一番お金を稼いでいる」。

しかし、中国の大衆が日常的に接触するのは彼らである。彼らの立ち居振る舞いが共産党に対するマイナスイメージの形成に大きく関係している。共産党が、国民の不満を買い、信頼を失うかなりの部分の責任は、この末端の組織のかかえる問題と党員の質の低さにあると言っても良い。

このように見てくると、中国の腐敗が末端において最も頻出しているのは、人材の問題だけではなく制度の問題でもあることが分かる。だから制度を改善する必要があり、倫理基準の確立、国民やマスコミの監視、厳しい内部監査、厳正な司法と言った制度を完備し、それが確実に実施されないと末端における腐敗を減らすことはできない。14年秋に共産党が司法制度の抜本的改革案をつくったのもそのためだ。

テレビドラマが描いた「対策」の実態

中国の持つ広さと人口の多さは、当然のことながら、統治のあり方と手法に大きな影響を与えている。基本は押さえながら、現地の必要にいかに合わせるか、現地に自主権なり自由裁量を持たせるにしてもどの程度にするのか、政策が確実に実施されることをどのようにして担保するか等々、課題は尽きない。

形式的に党中央に絶大な権限があったとしても、現場が党中央の考える通りに動くということにはならない。中央の方針を末端まで浸透させるために、中央がいかに苦労しているかは、「上に政策あれば、下に対策あり」という、すっかり有名になってしまった言葉に代表されている通りだ。

かなり前だが、『国家幹部』というタイトルの中国の連続テレビドラマを見たことがある。正義感の強い地方の現場指導者（副市長）が、中央の政策を真面目に実現しようとして直面するさまざまな苦労を描いたものだ。地方のボス（市の党委員会の元トップ）とその息子が悪役で、息子の会社と地方政府が結託して悪事を働くという筋立てだ。正義の味方の副市長に悪人どもが追い詰められ、これで〝万事休す〟だなと溜飲を下げて見ていたら、まだ連続劇の半分しか終わっていなかった。私の知恵、つまり日本スタンダードでは万策尽きたはずなのに、まだまだ悪知恵が出てくる。いくらドラマとはいえ、よくもこれほど次から次に悪知恵が出てくるなと感嘆するほど、下は〝対策〟を持っているのだ。

胡錦濤も、第18回党大会における総書記として最後となる報告の中で、「〝上に政策あれば、下に対策あり〟を決して許してはならない」と述べている。習近平も同じことをさらに強い言葉で言っている。

それでも党中央は、中国スタンダードではあるが、全体において党をしっかりと掌握している。地方が好き勝手をし、全体がバラバラになっているというわけではない。少なくとも大きなところは、確実にコントロールしている。

第3章　現政権を呪縛する江沢民の「遺産」

ダークホースだった江沢民

89年6月4日、天安門事件が起こった。私はその前日に外務大臣秘書官をクビになり、情報調査局企画課長に就任していた。久方ぶりに自宅で夕食をとりながらテレビのニュースを見ていると、突然パンパンパンという銃声とともに天安門での出来事が放映された。

これは一大事だというので立ち上がりかけたが、「もう自分は秘書官でもなければ、中国担当でもない」ということに気づき、ほっとしてビールを飲み続けたことを思い出す。そうはいっても翌月のフランスのアルシュサミット（先進国首脳会議）では、政治担当課長としてこの問題に悪戦苦闘することになるのだが、この日だけは出勤せずに済んだ。

この天安門事件の処理も結局は、鄧小平がやった。鄧小平の考え方の原点には、毛沢東の失敗はくり返さないという決意がある。毛沢東を反面教師としているのだ。

毛沢東が後継者を予め決めておかなかったので、76年9月に毛沢東が死去した後の政局は混乱した。華国鋒は、同年1月に周恩来が死去した後に国務院総理に抜擢されていた。毛沢東の故郷である湖南省湘潭県党委員会書記となり毛沢東の知遇を得、毛沢東に絶対の忠誠を誓って出世してきた人物である。

死ぬ間際、言葉もままならない毛沢東が、普通の中国人にはよく分からない湖南語で「君に任せれば安心だ」と言ったということを旗印にして、華国鋒が党の指導者となった。毛沢東が本当は何を言ったのかは分からないので、この華国鋒への政権委譲は多くの疑義を残した。

毛沢東の死とともに、同年10月に四人組は打倒された。だが、期待の星である鄧小平の三度目の復権は、翌77年の7月まで待たなければならなかった。復権後の鄧小平は周到な理論闘争を経て、78年12月、実質上、華国鋒を引きずりおろした。そして改革開放政策が始まった。毛沢東の死去からすでに2年以上の歳月が経過していた。

この混乱の経験から鄧小平は、意識的に後継者を決めてきた。自分の後継者だと思っていたのは、間違いなく胡耀邦だった。だから81年に胡耀邦を党のトップに据えた。だが87年、民主化問題への対応が生ぬるいと言うので長老グループの強い反発があり、胡耀邦を辞めさせざるを得なかった。

その後任として同じく鄧小平が信頼する趙紫陽が、国務院総理から総書記に任命された。だが天安門事件で趙紫陽も失脚した。鄧小平が後継者と頼みにしていた胡耀邦と趙紫陽の二人は、ともに民主化問題でつまずいた。

もう鄧小平の身近に候補となる人物はいない。そこでダークホースとして浮かび上がってきたのが江沢民であった。江沢民は官僚出身であり、特に大きな政治的背景をもつわけではない。各部門を渡り歩き頭角を現し、直前は上海市党委員会の書記（政治局委員）であった。それが天安門事件直後の党の会議で政治局常務委員に選ばれ、さらに総書記に抜擢された。二階級特進であった。

今風の言い方を使えば、鄧小平がCEO（最高経営責任者）で、江沢民はCOO（最高執行責任者）ということになろうか。気を使わなければならない先輩重役も何人もいた。とりわけ江沢民時代に国務院総理（その後全人代常務委員会委員長）を務めた李鵬は、すでに趙紫陽時代から国務院総理であり、江沢民よりも早く中南海で仕事をしてきた。当然、この二人の関係は折にふれ緊張した。

中南海を教えた側近・曾慶紅

江沢民は、本当に身一つで北京に来た。なおかつこれまで中南海の権力中枢で働いたこともない。政治局会議に出席するために時々、出て来るくらいのものだった。そこで上海から一人だけ連れてきたのが曾慶紅である。この二人は80年代の同じころ上海に赴任し、曾慶紅は江沢民の側近の一人として働いてきた。

曾慶紅の両親（曾山・鄧六金）は、ともに長征に参加した老革命家だ。曾山は中央委員を2期務め、いくつかの大臣を歴任しているし、鄧六金は著名な女性革命家だ。つまり曾慶紅はバリバリの太子党なのだ。それだけに中南海にも知己は多い。

〝巷の噂〟ではあるが、当時の雰囲気を表す次のようなエピソードがある。党のナンバーワンになるために北京に呼ばれたというのに何の音沙汰もなく、宿舎でさびしく待機していた江沢民のところに、曾慶紅が久しぶりに顔を出した。「どうなっているのだ」と詰問すると、曾慶紅は「何もないのは良い兆候です」と言ったという。

つまり天安門事件のあと始末で党中央はガタガタしており、その騒ぎに巻き込まれない方が良いということを言ったのだ。この曾慶紅の情報量と政治的勘と実行力が、その後江沢民を大いに助けた。だから曾慶紅は江沢民の〝懐刀〟と呼ばれたのだ。

92年の第14回党大会では、江沢民は結局COOのままだった。江沢民が真に「権力」を確立したのは95年のことだと言われている。89年に青天の霹靂で党の総書記に抜擢されてからすでに6年の歳月がたっていた。

鄧小平は、97年2月19日に死去した。鄧小平の健康悪化が、江沢民の権力の掌握のスピードを速めたことは間違いない。95年4月、陳希同政治局委員（北京市党委員会書記）が腐敗事件で引責辞任をさせられた（最後は有罪判決）。このことを通じ、かつては江沢民より党内序列が上で鄧小平との関係も良かった大物でも、今や引きずり下ろす力があることを、江沢民は見せつけたのだ。

95年7月7日の盧溝橋事件の日（日中戦争が始まったこの日を中国では「七七抗戦記念日」という）から9月初めまで続いた抗日戦争勝利50周年記念行事を、江沢民は積極的に主導した。それには、政権移行期に国内の関心を外に向かわせ、指導者に対する国内の求心力を高める狙いがあったと見るのは邪推であろうか。

中国ではトップリーダーが交替する際は、なぜか日本の出番となる。日本問題を使って党内、国内の求心力を高めようとしているのではないかと思いたくもなる。

人民解放軍をどの程度掌握できるかで党のトップがどの程度権力を掌握したかが分かる。江沢民は、95年に軍の大幅な人事異動を行い、権力掌握を印象付けた。習近平も今同じようなことをやっている。

97年に香港で出版された『中南海権力交替の内幕』（任慧文著）という面白い本がある。党中央の内部事情に詳しいと思われる人物が、香港の新聞にペンネームを使って中南海の内幕ものとして連載し、それをまとめたものだ。この本の狙いは、江沢民が鄧小平の指導のおかげで立派な指導者になったことを内外に宣伝することにあった。

ところが、私なりにそこに書かれていることを整理してみると面白い結論になった。鄧小平は、江沢民に党の最高指導者となるためには次の3点を特に重視しなければならないことを教えていたのだ。

一つは、軍をしっかり掌握せよと言う点である。江沢民が「もうやっています」と口ごたえすると「まだ足りない」と一喝されている。

二つ目は、共産党に対抗できる組織は出てこないにしても、党が分裂する可能性はあるので、何がなんでも党の分裂は避けよ、という点だ。

そして三つ目に、党の腐敗は何がなんでも防止しろと言っている。さもなければ、国民から見放され、党は自壊するというのだ。

やはり深い見方だと思う。中国共産党の統治維持の観点から重視すべき点を見事に言い当てている。

毛沢東時代を反面教師に

毛沢東の時代には、毛沢東という一個人にあまりにも権威と権力が集中し過ぎていた。文化大革命がその典型だが、毛沢東の暴走を制止できず、共産党は間違いを犯し、中国は実に大きな犠牲を払った。

そのマイナスの影響をもろに受けたのが鄧小平の世代であった。そこで、それを繰り返さないために、権力が一人に集中しない仕組みとしたのだ。それが、党規約における個人崇拝の禁止であり、「集団指導制」の導入である。

「集団指導」とは、すべての重大問題は党の委員会が集団で討論し、決定するという組織原則のことを言う。つまり個人の突出は許さないということである。

党規約上、総書記は「政治局及び政治局常務委員会の招集に責任を持つ」と定められているだけ。総書記は、常務委員会を招集した後は、他の常務委員と同じ7分の1の権限を持つだけになる。最後は少数は多数に従うという党規約のルールに従い、多数決で決まる。だからメンバー数は奇数でなければならない。

そして各常務委員は、それぞれ責任を持つ担当部門を持っており、その部門に関する事項は総書記といえども直接、口出しはできない。これを共産党では「個人分業責任制」という言葉で表している。

つまり基本方針を集団で決めた後は、個別の指導者にその実施の責任を持たせ、結果を出させようというものだ。そのために責任の範囲と権限をはっきりさせてある。その結果、自分の担当でない分野には総書記といえども直接口出しできない仕組みになってしまった。

共産党の組織原則の一つに「民主と集中」というものがある。党規約にも書いてある。これは「中国式相談」と同じように、われわれにはなかなか分かりにくいので、少し詳しく説明する。

公式の解説では「民主」の基礎の上に立って「集中」を行い、「集中」という原則の指導の下に「民主」を行うというものらしい。これでもよく分からないので私なりに整理すれば、「民主的な仕組みで意見は集約するが、集約された意見は、集中された権力で実施する」ということになる。

「民主」は、より多くの人の参加を要求し、「集中」はより少数の人に権力を集中させることを求める。この相反するものを調和させるのは難しい。これを上手にやりなさいというのだから、またしても特別の人材しかやれないと思えてくる。

中国共産党は、政権党としてものごとを動かし、結果を出さなければならない。結果を重視するということになると、どうしても下から意見を民主的に集約するというよりも、上が決め下は実施に専念する権力集中の仕組みとなってしまう。

だから現在の党の仕組みは、権力が上級組織に「集中」せざるを得ず、結局は「民主」よりも「集中」が優先されることになる。つまり結果を出すために役に立つ範囲でしか「民主」は顧みられないということになるのだ。

ところが党の規則では、党委員会の委員はみな平等であり、職責の違いにより責任の大小はあるが上下関係ではないということになっている。しかし複雑で難しい問題を「民主」的に議論し、「民主」的に多数決で決めようとすればするほど効率は落ちる。

現実問題として複雑な難しい問題を解決しようとすれば、いかなる組織であれトップが自分の職責をかけて決断しないとものごとは前に進まない。権力を「集中」させて決めるしかないのだ。さらに党委員会のトップは、人事に影響力を持つ。建前は平等であっても、トップに権力は集中してしまうのだ。

この「民主」と「集中」との間の折り合いをつける一つのやり方が、すでに何度も触れた「中国式相談」である。その限界についてもすでに学んだ。

一方で権力をどう制約し（「民主」）、もう一方で権力をどう「集中」するかという、相反する二つの要請の間で、共産党の試行錯誤は現在も続いている。

江沢民に封じられた胡錦濤

共産党の「集団指導」という制度は、このように総書記のリーダーシップを制約しているのだ。

鄧小平がいた間は、「集団指導」の形をとりながらも、実際は鄧小平の権威と力に依存して党の方針が決まり、実行されていった。やはり鄧小平の経験と実績は抜きんでていたのだ。結果、形式的な権限と実際に権力のある場所が異なってしまった。鄧小平は〝無冠の帝王〟だった。だからあのころ、中国を見ている人たちは、共産党ではポストではなく最後は人でものごとが決まると思ったものだ。〝人治〟の国と呼ばれていた所以だ。

江沢民の時代、「集団指導」の制約がしっかりと効いてきた。鄧小平の後は、トップはみな官僚政治家であり、江沢民も抜きんでた経験と実績を持っていたわけではない。しかも中国社会そのものが大きく変化し、そのような社会を管理し指導する党や政府の制度化は進み、仕組みも複雑になっていった。江沢民の政治的な力は間違いなくナンバーワンだったが、党員および国民との関係における権威と力は確実に落ちていった。

胡錦濤の時代となり、この傾向はさらに強まった。後で触れるように、江沢民にしてやられ、総書記の〝権限〟を縮小され、集団指導制の制約をさらに強く受けるようになった。胡錦濤の性格も影響し、トップの権威と力はさらに低下していった。

その分、江沢民の影響力はずっと残り、胡錦濤の〝権力〟は強くならなかった。ますます組織の力に頼るしかなくなり、その意味で組織の決定、つまり〝機関決定〟が一層重要になっていった。そうであるならば、法や規則を使って党を管理し、国を治めるしかない。統治の手法としての〝法治〟は、さらに重視されるようになった。統治し管理するための制度、その制度を運用するためのルールなどが整備されていった。

これは一見、〝党内民主〟が発揚され、良いことのように見える。だが、無理をして過半数ぎりぎりで通したものは、現在の共産党の風土においては、サボタージュされるのがオチであろう。そこで圧倒的多数が同意できることしか決定されないし、実施されないという、懸案事項の先送りが常態となっていった。それが胡錦濤の時代であった。

江沢民の功績は鄧小平のおかげ？

天安門事件は、共産党にとり実に衝撃的な事件であった。鄧小平が、国民との関係で共産党が生き残る道はこれしかないと確信し、渾身の力で打ちだした改革開放政策が、かくも重大な挑戦を受けたのだ。

共産党はショックを受け、果たして改革開放政策が正しいのか自信を失った。政治だけではなく経済の改革開放にまで消極的になった。鄧小平は、この挑戦に対し政治は引き締め、経済は前に進める道を選んだ。政治には「〝中国の特色ある〟社会主義」と「共産党の指導」という大きな枠をはめた。だが経済はさらに大胆に改革を行い、外に開くことを求めた。

92年、鄧小平は有名な『南巡講話』を行い、ふたたび改革開放の大号令をかけた。そしてふっ切れたように中国は経済の改革と開放に再び邁進するのである。

中国の今日の発展は鄧小平のおかげだなとつくづく思う。彼がいなければ、89年の時点で天安門事件の衝撃に立ちすくむ中国は経済でも逡巡し、ゆっくりとしか前に進めなかったであろう。いや、わき道にそれたかもしれない。それを鄧小平は渾身の力で前に突き飛ばしたのである。まさに〝最後のご奉公〟であった。

江沢民時代の中国は、基本的に鄧小平の定めたラインで進んだ。比較的順調に進んだのは、やはり江沢民の手腕だと認めるべきであろう。とりわけ朱鎔基を中央に呼び戻したことの意味は大きい。朱鎔基は、江沢民が上海党委員会書記時代に市長をつとめ、江沢民の後任の書記をつとめていた。徹底した合理主義者であり頭脳は明晰、ものごとを前に進める腕力もあった。

江沢民は、朱鎔基を92年の第14回党大会で三階級特進させて中央委員会候補委員から政治局常務委員に抜擢し、国務院を任せようとした。だが、当時総理であった李鵬ほかの抵抗に遭い、常務（筆頭）副総理止まりとなった。97年の第15回党大会になって、すでに力をつけていた江沢民は、昔の仲間を引き上げることができるようになっていた。これが、上海で江沢民と一緒に仕事をした仲間を中心とする「上海閥」の登場となる。98年に李鵬を全人代常務委員会委員長に移し、その後に朱鎔基をもってきて国務院総理に就けた。これから水を得た魚の朱鎔基の大活躍が始まる。

朱鎔基の下、経済改革は大きく進展した。その象徴が世界貿易機関（ＷＴＯ）への参加である。ＷＴＯは、ヒト、モノ、カネの自由な動きを実現し、そのために必要なルールと、それを担保する制度を持つ。この国際組織への参加を決めたことで、中国は名実ともにグローバル経済の一員となる道を選んだ。

このＷＴＯ参加問題に中国の特徴がよく出ている。日本は、こういう問題にぶつかると大体受け身で対応する。アメリカとの関係がもたないとか、世界の孤児になるとかいった〝外圧〟を利用し、国内を説得するしかない。

ところが中国の交渉責任者は、国内の既得権益層の抵抗をＷＴＯに入ることで屈服させようとする。国内の改革を推進するために入るのであって、他国のためにやっているのではないと公言してはばからない。それくらい中国のＷＴＯ参加は、受け身ではなく中国自身の大改革のための積極的な政策であった。

中国は01年末についにＷＴＯに加盟し、中国経済に対する世界の信頼は増し、海外からの直接投資も急増し、あっという間に世界の工場に変身した。

江沢民時代の12年間、経済の改革開放は進み、経済も成長した。江沢民時代が本格的に始まる90年に４０００億ドルであった名目ＧＤＰの額は、最後の年である02年には１兆４５００億ドルと３倍以上に伸びた。ちなみにその間の日本のＧＤＰは、３兆１００0億ドルから3兆９８００億ドルへと伸びたにすぎない。

江沢民時代の最大の功績は、天安門事件後の混乱を乗りこえ、社会を比較的安定させ、そして何よりも経済を急成長させたことにある。対外関係も比較的順調であった。だがそれは鄧小平の大きな力があって実現したものであり、鄧小平の与えた方針と枠組みが、それを可能にしたと言うことができる。江沢民時代は、ある意味で〝影の鄧小平時代〟であった。

負の遺産としての腐敗問題

江沢民時代に政治改革が進まなかったのは、鄧小平がブレーキをかけたからだと言い訳できるが、鄧小平があれほど警告を発していた腐敗問題の悪化については、江沢民は何の言い訳もできないだろう。改善されるどころか著しく悪化したからだ。

悪化を続けた理由の一つは、すでに触れた制度的要因による。共産党があらゆることを指導し、しかも国家としての憲法の上にいる。法律を守れ、憲法を守れと言っても、党員がこれらを遵守しているかどうかをチェックするのは党の紀律検査委員会しかない。そして党員を司法のプロセスにのせて裁くかどうかも党が決めるのだ。

中国においては政府職員をはじめ国有企業等の重要なポストは、ほぼ共産党員に独占されている。これらのポストには取り締まりや許認可の権限があり、直接、実利と関係している。だから簡単に腐敗する。

こういう仕組みの中で腐敗を減らそうとすれば、一方で仕組みそのものを腐敗しにくくする必要があるし、もう一方で監査と取り締まりを厳しいものにする必要がある。これらの改革は胡錦濤時代に次第に意識されるようになり、習近平の時代には最大の課題の一つになり、目下大ナタを振るっている最中だ。

江沢民の時代には、腐敗撲滅を口で言う割には具体的行動が伴わなかった。江沢民の時代に腐敗が蔓延した第二の理由は、江沢民が本気でやらなかったからだ。それは、99年に表面化した福建省の遠華密輸事件の処理ぶりに典型的に表れている。

主犯の頼昌星は、国しか輸入できない石油を軍の名義で輸入し、しかもそれを精製してガソリンとして堂々と販売していたというのだから驚く。もちろんあちこちに賄賂を贈り、見逃してもらっていた。あの当時としては驚天動地の８００億元とも言われる巨額の脱税、そして多数の贈収賄事件であった。

この事件は、江沢民の側近の賈慶林が福建省のナンバーワンをつとめていたころに起源をもつ話で、福建人である賈慶林夫人の関与も取りざたされた。党中央、すなわち江沢民が本気なら賈慶林に対しても何らかの処分はするだろうと思われた。それほど桁違いの腐敗案件だったのだ。

賈慶林は当時北京市長に栄転していた（その後、政治局常務委員、全国政協主席と順調に昇進）。だが、〝巷の噂〟では、江沢民は「この事案は地方の案件であり地方で処理すべし（北京の賈慶林には手を出すな）」という処理をしたという。これを聞いて私は、江沢民は本気で腐敗退治をするつもりはないなと思った。中国国民も同じように感じたであろう。

諸葛孔明は、軍紀を維持するために〝泣いて馬謖《ばしょく》を斬る〟ことをした。自分の信頼する有能な将軍馬謖でさえ軍規にそむけば、その首をはねたのだ。ルールを定め、それに違反するものは誰であれ許さない。それが組織の紀律維持のために必要不可欠なことだ。

だが江沢民はそうしなかった。だから私は共産党に明日はないと感じたのだ。私が01年に中国共産党の統治があと5年で終わると早とちりした最大の理由は、このような江沢民の対応にあった。

そして江沢民は胡錦濤の時代にも人事に影響を及ぼし続け、彼の系列の人たちが「（お金の入る）良いポスト」に就いていった。その結果、既得権益層のかなりの人たちは江沢民とつながり、また腐敗している可能性も高くなってしまったのだ。習近平は今、江沢民が本気で腐敗退治をしなかった後始末をやらされているともいえる。

おざなりだった腐敗防止対策

江沢民の時代に腐敗が蔓延した第三の理由は、腐敗を防止し取り締まる制度の構築をおろそかにしたからだ。胡錦濤の時代には、腐敗を抑えようという動きが少しは強まったが、胡錦濤は江沢民をバックに持つ既得権益層に気を遣いながらの対応であった。おかげで共産党は腐敗に甘い体質を是正することはできなかった。

そのことに国民は本当に怒っている。なぜなら腐敗や不正が、国民の間の格差の拡大に大きく関係しているからだ。権力に近いほど豊かになり、遠くなるほど貧しくなるのだ。習近平は、この問題に正面から立ち向かっている。そうしないと国民との関係がもたないところまで来ているからだ。

習近平は、まず党の雰囲気なり空気なりの改革から始めた。一つの組織が一つの色に染まると、それを抜本的に変えるためには膨大なエネルギーと時間を要する。組織の空気がそうなってしまうと、それと違うことをするには勇気がいるし、時間もかかる。

習近平は、就任早々の12年12月の政治局会議において「仕事のやり方を改善し大衆と密接につながるための八項目の規定」（「八項規定」）を決めた（①調査研究活動の改善、②会議の簡素化、③文書による報告の簡素化、④外国出張の規範化、⑤警備活動の改善、⑥新聞報道の改善、⑦個人による出版等の厳格な制限、⑧勤倹節約の励行）。翌年1月には、これに6項目の禁止令（「六項禁令」）が付け加わった。

「八項規定」は、改善したり、ルール化したり、制限したりする必要のある事柄を定めたものだが、その指示は実に細かい。

たとえば最初の項目である「調査研究活動の改善」。共産党のルールに「調査研究なくして発言権なし」というのがあるが、おかげで各レベルの指導者はよく現場に「調査」に出る。その「調査」の際に手配する車は小さくてよく、随行員も少なくし、接待も簡単にすべきであり、歓迎の横断幕を掲げることも、人を動員して並ばせることも、じゅうたんや花の準備も、そして宴会も必要ないと定めてある。日本スタンダードでは

「当たり前のことじゃないか」と思うかも知れないが、中国ではその逆が実際に行われていたということだ。残りの7項目も同様に細かい。

「六項禁令」は、①年始まわりについて、公費を使ってお互いに訪問したり、プレゼントを交換したり、宴会を催すことを禁じ、②上役に土産を持参することを禁じ、③規定に反してプレゼントやおカネ、有価証券、プリペイドカードなどを贈ったり受け取ったりすることを禁じ、④金銭や物をみだりに提供したり、体裁をつくろったり、贅沢を競い合ったり、派手に浪費することを禁じ、⑤基準を超えた接待を禁じ、⑥賭博活動を組織し、参加することを禁じている。

このように「規定」も「禁令」も、すべて現場で行われていることを具体的に細かく制限し、禁止する規定となっている。なるほど中国スタンダードで作られているな、とつくづく思う。なぜなら中国では「禁止されていないことはやってもいい」と解釈されるし、曖昧に書けばそれぞれが自分に有利に解釈してしまうからだ。

このような習近平の動きを冷ややかに眺める向きもある。こんな子供だましのことをしても、中国共産党が変わるはずはないではないか、というのがその理由だ。だが、習近平は本気だ。これらの「規定」や「禁令」を出すや否や、党中央はその実施ぶりを厳格に監視し、厳しく処罰をし、何がなんでも実行させる姿勢をとったのだ。

２０１３年、私もそのことを実際に体験した。中国である宴会に参加していると、途中で中年の女性がにこやかに参加し、自己紹介もせずに、しばらく食事を共にして、またにこやかに去って行った。当然関係者が遅れて来たものだと思っていたので、「誰ですか」と聞くと、「われわれの宴会が規定通り行われているかどうかチェックに来ていたのですよ」という話だった。

習近平は本気であり、これを常時しかも長期にわたってやる必要があることを熟知している。13年1月に「仕事のやり方（「作風」）の問題は決して小さなことではない。もし良くない作風を正さずに広がるままにしておくと、見えない壁のように党と人民を隔て、党は土台を失い、血液の循環を失い、力を失う。『八項規定』は一つの切り口であり、その動員令に過ぎない。達成すべき最高の基準でもなければ、最終目標でもない。作風の改善の第一歩であり、当然やるべき基礎的な要求にしか過ぎない」と諭している。

現場を経験してきた者には、これらの判断と動きは正しいものに映る。職場における朝の挨拶の励行の例からも分かるように、小さなことをしっかりとやらせることで組織の雰囲気は変わってくる。むしろ小さなことの方が大事である。その代り徹底して守らせる必要がある。逆に徹底してやれば雰囲気は変わる。私はこの話を聞いて、党中央は、それを狙っているなと直感した。これまでの〝党のあたり前〟を〝世の中のあたり前〟に戻す。その努力で党のディシプリンを回復させようとしているのだ。

この戦術の成否は、再び結果を出せるかどうかにかかっている。結果を出せれば、中国の官界の雰囲気も変わってくる。国民の不満も緩和される。結果を出せなければ、今回の試みも徒労に終わるであろう。

温存された江沢民の権力

02年の第16回党大会において、胡錦濤は予定通り無難に総書記に就任した。それは胡錦濤が鄧小平の威令を背景にしていたからだ。トップ交代のドタバタに懲りた鄧小平は、江沢民の次まで決めていたのだ。

92年の第14回党大会において胡錦濤は、平の中央委員（チベット自治区党委員会書記）から二階級特進をして、政治局常務委員に大抜擢された。しかも鄧小平は、公の場で江沢民の次の世代の指導者は胡錦濤だと宣言し、それが既定路線となっていたのだ。98年、胡錦濤は国家副主席に就任した。

どの組織でもそうだが、既定路線を覆すのは容易ではない。大変なエネルギーが要るし、大義名分も必要だ。また、いかなる組織でもナンバーツーをつとめること自体、決して容易なことではない。有能だとトップに疎まれるし、無能だと退けられる。胡錦濤はナンバーツーの役職を、それも10年もの間、ぼろを出さずに立派にやってのけたのだ。この意味で胡錦濤も、やはり大した政治家だと思う。

江沢民は、いくら総書記をつとめたとはいえ、現職を離れると影響力が激減しかねないことを恐れた。鄧小平のような革命世代と、制度化が進み、その中で地位を得たポスト革命世代の指導者とでは重みがまったく違う。創業者社長とサラリーマン社長との差と言っても良い。そこで、江沢民はいくつかの仕掛けをつくり、自分の影響力を残そうとした。

その一つが、政治局常務委員会において江沢民派が多数を占めるようにすることだ。江沢民が総書記だった時代（89〜02年）には、江沢民が実力を蓄えた後も、常務委員会において自派は常に少数派だった。長老グループを中心に総書記の力が強まることへのチェック機能がここでも働いていたのだ。だが辞めた後は別の話だということで、02年の党大会で、いわゆる〝上海閥〟が9名中4名を占め多数派となった。恐らく江沢民が強引に押し込んだのであろう。

胡錦濤がどうにかできるのは〝古い友人〟の温家宝一人だけだった。最後は多数決で決まる仕組みになっていることを思い出してほしい。胡錦濤時代になっても江沢民が政治局常務委員会を実質コントロールしていたのだ。

江沢民の仕組んだもう一つの仕掛けが、政治局常務委員会の定員数を増やすことだった。02年に、それまでの７名から９名に増やしたのだ。増えた２人にそれぞれ政法と宣伝を分担させた。そしてこの政法部門が大きな意味を持ってくる。新たに政法担当の常務委員を設けることにより、総書記がここに直接関与できなくしたのだ。

中国において「政法」と呼ばれる部門は、政府に属する公安部、国家安全部および司法部に加え、最高人民法院と最高人民検察院が入り、これに人民解放軍の傘下にいる武装警察が加わる。政法部門を統括するということは、これらの部局を指揮下に入れることになる。

中国では何でも政治だが、腐敗案件も当然政治的に使われる。腐敗案件を使って政敵を攻撃できるし、同時に自派の人間を守れる。その事案の調査と処分を担当するのが、党の紀律検査部門であり、国と政府の政法部門なのだ。現役を離れる江沢民にとって、この両部門を抑えることが特に重要な意味を持った。

党の紀律検査部門の長（中央紀律検査委員会書記）は、常務委員会が7人の時代からもともとそのメンバーであった。つまり総書記の直接の支配下にはなかったということだ。02年には、中立派の呉官正がこのポストに就いたが、07年には江沢民に近い賀国強が就任した。これで江沢民も一安心というものだ。

02年当時、さすがに江沢民派を政法担当にするのには抵抗が強かったのか、選ばれたのは中間派と目されていた羅幹だった。だが07年には江沢民に近い周永康が就任した。

胡錦濤は07年、自分の出身組織である共産主義青年団の後輩である李克強を常務委員に引き上げた。だが、総書記の後継者のポストは、李克強ではなく習近平が占めるように段取りされてしまった。

胡錦濤の総書記としての10年は、このように常務委員会の過半数をとれず、権力強化の道具として有効な紀律検査部門と政法部門を手放したままの状況で経過した。結局何もしなかったと批判される昨今だが、胡錦濤にしてみれば、それができない仕掛けを押しつけられていたともいえるのだ。

胡錦濤の逆襲と敗北

胡錦濤は、総書記就任後、江沢民という壁にぶつかり、10年かかっても自分の権力の確立に成功しなかった。つまり「権限」はもらったが「権力」を確立することはできなかったのだ。

それでも一度この壁を越えようとしたことがある。06年の陳良宇事件がそれだ。陳良宇は、政治局委員（上海市党委員会書記）であり、江沢民直系の人物であった。それを胡錦濤は、重大な紀律違反事案（上海市労働社会保障局による社会保障基金の不法運営問題）として、上海市の役職から罷免し、党の役職を停止する決定にまで持ち込んだのだ（その後司法プロセスに移され、08年、収賄と職権乱用の罪で18年の刑が確定）。

当時の政治局常務委員9名のうち、約半数が江沢民系といわれていたのに、どうしてこのようなことが可能となったのであろうか。諸説あるが、私は、「江沢民の〝懐刀〟とまで言われた曾慶紅（当時国家副主席）が、江沢民から離れ胡錦濤の権力基盤固めに協力したから」という説に比較的説得力があると判断している。

よく「歴史から学ぶ」と言われるが、人間はまず身の回りの歴史から始まり、せいぜい自分の国の歴史からしか学ばない。それでも分からない時に初めて他国の歴史を紐解く。江沢民が陳希同を追い落としたのは遠い昔のことではない。映画のリプレーのように同じ光景が重なるではないか。権力確立のための同じ手法が、ここでも使われたのだ。私は、これで胡錦濤時代が来るなと思った。

しかし、そう上手くはいかなかった。陳良宇の後任の上海市党委員会書記には07年春、習近平（当時浙江省党委員会書記をしていた）が当てられ、これが同年秋の第17回党大会における習近平の飛躍につながった。おかげで江沢民は、自分が習近平を抜擢してやったと思い込んだ。この第17回党大会において、江沢民は逆襲に出る。江沢民を裏切った曾慶紅は、政治局常務委員の再任を阻まれ、現役を退かせられたのだ。

すでに述べたように、江沢民はこのときに中央紀律検査委員会のトップも政法担当のトップも自派の人間で押さえた。胡錦濤が、これ以上自分のグループに手を出せないように外堀も内堀も埋めてしまったのだ。

このようにして当時の中国政界で最強の政治力を誇った曾慶紅の影響力はそがれ、胡錦濤は再び自分の仲間、つまり共青団（中国共産主義青年団。団員8000万人を超す青年組織）の仲間を頼るしかなかった。彼らは優秀な官僚ではあるが、まだ政治家としての修練は足りない。修羅場には弱いのだ。

その代表格が令計画だ。長く共青団の中央組織に勤務し、胡錦濤が党中央に戻ってまもなくの95年、中央弁公庁に移っている。07年、江沢民あてがいの中央弁公庁主任であった王剛を追いやり、その後釜にこの令計画を持ってきた。

私が北京にいた終わりのころ、地方のトップに共青団系列の人物が次々に送り込まれた。中央政府の人事は全国人民代表大会の承認を必要とするが、地方であれば地方の人民代表大会の了承を取り付けるだけなので話は早い。党中央の人事を司る組織部長は、これも共青団系の李源潮だった。胡錦濤の任期も終わりに近づいていただけに、少々やり過ぎだが、それができるほど胡錦濤の権力が固まったのかな、などと思っていた。

ところが、12年に顕在化した薄熙来事件の政治的大波をまともにくらい、共青団の勢力は大きくそがれた。とりわけ目立っていた令計画は、たたかれた。フェラーリを運転中に事故を起こし、同乗していた女性とともに死亡した息子の事故のもみ消しを周永康に依頼したことや、親族の腐敗、汚職が致命傷になったと言われており、14年12月、統一戦線部長の職を解任され、重大な紀律違反の疑いで紀律検査委員会の調査を受けている。

これらの動きを皆がかたずをのんで見守り、ボスの力量を見極めている。「この人の言うことに従いたい」あるいは「従わないと危ない」と思わせたとき、つまり「権威」と「迫力」が備わったときに「権力」は確立する。胡錦濤はそれに失敗したということだ。逆に習近平は、成功しつつある。

それは指導部の呼び方にも表れている。第一世代の毛沢東から、第二世代の鄧小平、そして第三世代の江沢民までは、彼らを「〝中心〟とする指導部」と呼ばれてきた。しかし胡錦濤の場合は、胡錦濤を「〝総書記〟とする指導部」という呼び方しか、してもらえなかった。「名は体を表す」ではないが、胡錦濤は前の三代に及ばないという意味でもある。

結局10年かかっても、胡錦濤は江沢民ほど権力を集中できなかったし、軍の掌握も十分にできなかった。これが胡錦濤の時代に重要な問題がなかなか解決しなかった理由のひとつである。習近平も、まだ彼を〝総書記〟とする指導部という呼称にとどまっている。彼が〝中心〟と呼ばれるようになった時、習近平への権力集中が確実になったと言っていいだろう。

第4章　必要悪としての権力集中

ソ連共産党の前例に学んだこと

前章で見たように、胡錦濤時代に総書記が権力を集中できなかった理由の一つが、江沢民が政治局常務委員会をいじくり、自身の権力を温存する仕組みをつくったことである。同時に、そういう仕組みの中で胡錦濤は〝機関決定至上主義〟に傾き、それが党組織全体の制度を成熟させた。それが今度は、ますますトップの思うままには動かせない組織を作った。

まだ冷戦が続いていた80年代の半ば、私は外務省のソヴィエト連邦課というところで仕事をしたことがある。私以外は、ほぼ全員がソ連の専門家であった。約3年の在任期間中、アンドロポフ、チェルネンコというソ連共産党のトップ（書記長）があいついで死去した。

85年、その後を襲い書記長となったのが、当時54歳のゴルバチョフだった。49歳のときにもっとも若い政治局委員になり頭角を現していたが、何せまだ若い。私は、それまでの中国共産党の感覚で、ゴルバチョフがトップの座についても、自分の力を蓄えるのに時間がかかり、すぐに自分の政策はやれないだろうと思った。そう口にすると、ソ連の専門家たちは、ソ連共産党ではポストが最も重要であり、ポストに力が与えられているので、トップに座ったゴルバチョフはすぐに自分の政策を実行できると言った。

結局はソ連専門家の言うとおりになった。ゴルバチョフは直ちにペレストロイカ(「立て直し」という意味のロシア語)という大胆な改革政策を実施することができたのだ。皮肉なことに、その結果としてソ連自体が崩壊してしまった。だがポストが権力を与えたことは事実だ。このポストに関する認識の差は、私と彼らとの〝共産党体験〟の違いからくるものであった。

私は、毛沢東、華国鋒、鄧小平と、ポストではなくトップに座る人物の力量により、すべてが左右される中国の指導者の現実を見て、やはり〝人〟だと考えていた。そしてその〝力量〟の源は、何よりも実績であり、経験であった。ところがソ連の専門家は、スターリンの死去から30年、結党から80年以上たっていたソ連共産党の現実から、〝ポスト〟の方が〝人〟より大事だと判断したのだ。

つまり、この時点における中国共産党とソ連共産党との間の最大の違いは、組織の整備とその運用の成熟度の差にあったのだ。スターリンの苛烈な独裁を経て、ソ連では組織を重視し、その制度的な運用を習熟させていた。人よりも組織。党のトップは、組織の歯車として、党の規定に従い、大きな権限を有していたのだ。

中国共産党も、毛沢東の独裁を経て78年から改革開放政策に移った。ようやく〝政治運動〟から解放され、経済と社会の運営と管理という、政権党としての普通の課題が中心になった。２０１５年時点の中国共産党は、すでに毛沢東の死去から39年、結党から94年が経過している。人よりも組織となるのに、充分な時間が過ぎた。

あの当時のソ連共産党と今の中国共産党の違いは、党のナンバーワンに与えている権限の違いに帰着する。中国共産党を読み解こうとすれば、この政権党としての制度の成熟からくる重要な変化をはっきりと把握しておく必要がある。

指針は《16文字原則》に

この制度化は、共産党の組織と指導の基本原則である《16文字原則》に基づき行われている。何度も強調してきたように、中国共産党が中国のあらゆる側面を〝指導〟する。その組織の中心が、各レベルの党委員会であり、その常務委員会である。この〝党委員会による指導〟の基本原則が、《16文字原則》と呼ばれるものだ。

つまり中国語で〝集体領導、民主集中、個別醞釀、会議決定〟の16文字だ。ここに党の〝指導〟のエキスがある。最初の〝集体領導〟は、訳すれば「集団指導」になり、二つ目の〝民主集中〟および三つ目の〝個別醞釀〟(「中国式相談」)とともにすでに触れた。最後に〝会議決定〟、つまり「会議による決定」という原則がある。これは党委員会が、集団で意思決定をするために必ず経なければならない道筋であり、「中国式相談」を行った後、少数は多数に従うという原則に従い、票決を行い決定する。

以上の《16文字原則》は、02年の第16回党大会の党規約改正によって、党規約に盛り込まれた。党の指導のやり方や、党委員会の指導のレベルを向上させるために使うということのようだ。このことは、党の運営の制度化とルール化という方向に進んでいることをはっきりと示している。

中国共産党は、政権党としてますます多くの複雑な問題に直面している。そのためには、党中央の方針を現場で実施する党の組織、なかんずくその中核となる党委員会の強化は急務である。党委員会のルール化を進め、運営方法を改善することにより、制度そのものを強化しようとしているわけだ。そのための《16文字原則》なのだが、私自身が政府で働いていた経験から言うと、この原則を現場で実行することはかなり難しい。現場では、バランスも大事だが、それ以上に優先順位をつけて決定を下していかないと結果は出せないし、効率も落ちる。しかも、その優先順位は状況の変化で刻々と変わる。これこそ現場指導者の判断力と指導力が問われるところだ。《16文字原則》にこだわりながら、この試験に合格するのは容易ではない。

こういう根本的な矛盾を抱えながらも共産党の組織とその運営の制度化は進んでいる。さらに政府や人民代表大会などが、さまざまな分野で、膨大な数の法律や規則を着実に整備している。

わたしは国連関係の仕事をしたことがある。先輩から「国際会議ではルールをいかに操ることができるかで勝負は決まる。ルール・ブック（手続き規則集）は常に手元におき、頭に徹底的に叩き込め」と教えられた。確かに、ルール・ブック一つで会議を流したり、会議の結論を阻止したり、結論の中身を変えさせる〝名物大使〟がいた。彼らはルールを駆使してそれを達成していた。制度化が進むということは、こういう事態に直面するということである。

中国で仕事をしていても、中国側は意外とルールにこだわる。とりわけ相手と敵対するときにそうなる。ルールと制度化の網がかけられると、ますますトップの意のままには事が進まなくなる。

ルール化が進む中でものごとを実現するには、ルールに熟達するだけではなく、ものごとを動かす実力が必要になる。胡錦濤は機関決定を重視せざるを得なかったにもかかわらず、ルールを使ってものごとを進める十分な「力」を持てなかった。その「力」こそが、与えられた「権限」を政治の「権力」に変えるカギなのだ。

薄熙来事件の衝撃

2012年、中国共産党は第18回党大会を迎えた。10年ぶりのトップ交代、しかも鄧小平のような最高実力者と呼ばれる圧倒的な権威が不在の中での交代であった。

07年に、習近平が大方の予想に反して李克強を飛び越して次の総書記を狙う地位につけたが、他に最高実力者がいて習近平にお墨付きを与えたわけではない。そうすると、まだ自分にチャンスがあると錯覚したり、自分たちの影響力を強めたいと思ったりする人間が出てきても不思議ではない。権力の魅力は、それほど人間をおかしくする。

私見だが、ワシントンにいるアメリカ人には嫌な奴が多く、地方のアメリカ人には良い人が多いと感じている。どうしてこうも違うのか。外務省のアメリカ専門家に聞いてみたら、返事は「権力のなせる業だ」というものだった。超大国アメリカの持つ、世界中のとてつもない「権力」がワシントンに集中しており、そこに住む人間をおかしくしてしまうらしい。

権力が目の前に近づいたと錯覚すると、理性を失ったおかしな動きをする者も出てくる。その代表格が、党大会のしばらく前から妙な政治運動を始めていた重慶市の書記・薄熙来（政治局委員）だった。

薄熙来は大衆の支持を得るパフォーマンスを強め、左派的な動きを強化し、随所に胡錦濤との差を示そうとした。中国共産党のトップと異なる動きが、これだけ公然と行われたのは空前の出来事だった。一種の路線闘争であり、政権交代を自分たちに有利に展開させるための動きでもあった。〝巷の噂〟では、あの政法担当の周永康が薄熙来を支持したと言われている。

〝事実は小説よりも奇なり〟とは、よく言ったものだ。12年2月に薄熙来の側近で公安局長をやっていた王立軍が、四川省成都にあるアメリカ総領事館に逃げ込むという衝撃的な事件が起こった。よりによってアメリカ総領事館である。おそらく中国のどこにいても殺されると思って、アメリカ総領事館に逃げ込んだのだろう。それだけでも十分衝撃的なのに、薄熙来夫人の谷開来がイギリス人を殺害した事件までも明るみに出てしまった。そしてその年の春に薄熙来は失脚する。翌13年9月の裁判では、横領、収賄および職権乱用の罪で無期懲役を言い渡され、同年10月に刑は確定した。

今から振り返れば、薄熙来事件は、実に深刻な出来事であった。党中央が分裂含みであったことをいみじくも露呈してしまったのだ。党中央の権威の低下であり、中国共産党の弱体化でもあった。鄧小平は、すでに触れたように「党の分裂」を中国共産党の統治の重大な危機の一つだと指摘している。薄熙来事件は、中国共産党にとり「党の分裂」という、実に由々しき事態をもたらしかねない重大事だったのだ。

そういう緊張した状況の中で12年の第18回党大会は開かれたのである。そして党大会が選出した中央委員会が、習近平を総書記に選び、同時に党の中央軍事委員会の主席に選んだ。翌13年の3月、全国人民代表大会は習近平を国家主席に選出した。ここにおいて習近平は中国の三つの重要なポストすべてに就いた。習近平の時代が始まったのだ。

トップが強くないと共産党がもたない

中国の現状を眺めて見えてくるのは、今の共産党の基本構造を前提とする限り、党のナンバーワンの権限を強化し、権力を集中させないと共産党の統治がますます難しくなるという厳しい現実である。

すでに学んだように、集団指導制はトップへの権力の集中を制約し、リーダーシップを弱める。さらに胡錦濤時代は江沢民による、現役トップの権限をさらに弱める仕掛けが入ってきた。しかし、鄧小平という ある意味で絶対的な権威が存在しない中、こうしたリーダーシップの弱体化は後継者争いを誘発し、党中央を割る事態まで生じさせた。鄧小平がおそれた党の分裂であり、共産党の統治の維持に対する深刻な挑戦でもあった。それが共産党と国民との力関係が、共産党に不利に推移しつつある中で起こった。中国社会との関係においても、共産党の力は着実に下がってきていたのだ。

それでも胡錦濤時代に経済はさらに急速に伸びていた。02年に政権を引き継いだときの名目ＧＤＰは１・４５兆ドルであったものが、12年には８・２２兆ドルに達していた。６倍弱になっていたのだ。

その経済の急成長が、社会をさらに大きく変え、その社会の変化が今度は政治の変化を求める。胡錦濤時代も、当然このような変化に対応しておくべきであった。一部は対応した。たとえば社会保障制度については、充足率はまだだが、制度自体はどうにか作り上げている。だが全体として見れば甚だ不十分であった。

やる気はあっただろう。だが、江沢民時代から引き継いだ課題及び胡錦濤時代に新たに作りだされた多くの課題に対し、抜本的な対策は打てなかった。現状を変えること、つまり改革に対する既得権益層の抵抗は確実に強まっていた。そしてトップの力はさらに弱まっていたのである。

習近平は、胡錦濤時代に先送りされた多くの懸案事項を引き継いだ。その懸案事項たるや、構造的にも、質的にも、一大転換期にある時代の、一大改革と言い換えてもいい。それほど事態は、あらゆる分野で深刻化していたのである。

一つ一つの問題は複雑であり、どの方向に向かうかについても意見の集約は容易ではなく、決めたとしても実際に動かすとなるとまた抵抗されてしまう。そのように、さまざまな利害関係が複雑に絡みあい、制約し合う時代となっているのだ。

環境問題を例にとろう。中国の水も空気も、そして土地も汚染されてしまった。実にひどい。もちろん日本もそういう時代はあった。68年に私が東京タワーから見た東京は、スモッグで霞んでいた。それから日本は懸命の努力をして今日の状況を取りもどした。日本の費やした資金と時間、国民への教育と国民の協力。これを中国は何十倍の規模でやらなければならない。しかしこれをやらないと共産党と国民との関係は持たない。中国国民は本当に怒っているのだ。

だから13年の秋に三中全会（第18期中央委員会第３回全体会議）はあらゆる分野をカバーする『改革の全面的深化に関する決定』（正式には「改革の全面的深化における若干の重大な問題に関する中共中央の決定」）を採択したのだ。その中には政府や国有企業の権限の縮小と言った既得権益層の利益に打撃を与える措置も数多く含まれている。それでも『決定』を通すことができた。党内世論が、それを支持したということだ。

そういう大変革の時期に、通常の時期とは異なる指導者と組織が求められることは、どこでも同じだ。状況を大きくとらえ、大きな方向性を出し、課題を整理し、それに優先順位を付け、具体的課題に対する対策をつくり、それを実現する体制をつくらなければならない。その成功のカギが、トップへの権限の集中であり権力の集中なのだ。

中国共産党も近年、トップは10年続けることが慣例となった。10年もやれば当然影響力は強くなる仕掛けだが、今の中国は、それだけでは不十分だ。総書記が決めた方向に、党全体が短時間で動くようにならないといけない。トップが決めるのだが、そのトップの決断には権力が裏打ちされていなければならない。

習近平の中国は、「改革の全面的深化」を成功させないと危なくなり、共産党の統治自体が難しくなる。だが「改革」は、どこの国においても既得権益層との戦いになる。抵抗の力が強ければ強いほど、それを突き破る力も強くないといけない。それに打ち勝つには指導者に権力をさらに集中させる必要があるのである。

権力集中を支持した党内世論

共産党は、中国の統治を続けるために必死になっている。その分、中国の実情を一番よく知っている。この現状把握能力が落ちれば終わりだ。なおかつ中国を変える力は結構強い。そうであるならば、彼らの目線で中国を眺め、彼らが何をしようとしているかを観察することが、中国観察の一つの有効な方法だと思う。

この視点から眺めると「党は内外の難局に直面しているのに、指導部はもたもたしているではないか。これでは共産党の統治の維持もおぼつかない。何とかしなければならない」という危機感が、胡錦濤時代の終わりころ、長老グループも含めた党員の間に世論として醸成された可能性が考えられる。その原因のひとつが、江沢民のでしゃばり過ぎにあるという意見も強かったであろう。

つまり「共産党の統治の維持」に対する危機感である。共産党が統治を続ける理由については、党員の中にもさまざまな意見がある。鄧小平は、共産党以外に中国を引っ張っていける政治組織はありえないと思っていた。また共産党に入ることが身の安全につながり、出世のチャンスが増えると思っている党員もいるであろう。

だが、いずれの場合も「共産党の統治の維持」を望んでいる。これが今日の中国共産党内の唯一と言っても良いコンセンサスなのだ。そのために何を為すべきか。それが党の視点であり、その党を党中央が牛耳り引っ張っていく仕組みになっている。それ故に「党指導部の目線」でものごとを眺めることが大事になってくるのだ。

この観点から私は中国を理解するための、次の方程式を主張している。これで中国において起っていることのかなりの部分の説明がつく。

それは、「経済の発展」（A）＋「社会の安定」（B）＝「中国共産党の統治の維持」（C）というものだ。つまりCのためにはAとBが必要だし、AとBはCを目的として行われているという関係になる。

そして党内闘争は「コップの中の嵐」であり、「共産党の統治の維持」というコップ自体を壊す可能性は低いとも主張してきた。強い総書記が必要だと認める党内世論が醸成されたのは、このコップが壊れる可能性が出てきたからだ。やはり総書記の権限を強めないと共産党は生き抜いていけないという危機感が醸成されてきているのだ。

中国共産党の奥の院のことは、本当はよく分からない。特にごく少数の人しか知りえないことが、まるでその場にいたかのように語られたりすると、本当かなという気にもなる。だから仮説なのだが、現在進んでいる習近平への権限の集中は、そうしないと〝共産党の統治〟の存続が難しくなることに対する危機感が、それを許容し、是認する党内の雰囲気となっているのではないかという気がしてならない。

進みすぎた縦割り行政

習近平の時代となり、総書記に「権限」が集中する方向での対応が確実に、それも急速になされている。つまり政策の決定と実施のメカニズムを総書記が指揮命令しやすいように変えているのだ。

その一つが、これまでの慣例を破り、総書記が兼務する中央軍事委員会の主席のポストを、総書記に就任した後すぐに習近平が前任者から引き継いだことだ。江沢民も胡錦濤も、総書記に就任してから数年経ってようやくこのポストに就いている。

鄧小平と違い、その後の世代は人民解放軍と関係のないキャリアを経てきている。そこで慣らしの時間が必要だというので、数年の時間差を置いたのだろうし、その間、前任者は実際の権力を手にし続けることができる。ところが習近平は、就任からすぐに人民解放軍を直接、掌握できるようになった。

二つ目が、常務委員の数が９名から７名に戻された結果、政法部門をたばねる孟建柱は平の政治局委員止まりであり、総書記の直接の指揮下に入った。総書記の習近平が政法部門を直接抑えることができるようになり、その分だけ総書記というポストの持つ力が胡錦濤時代よりも強くなった。

そして三つ目が、部門横断の組織を作り、そのトップに習近平が就任し、直接指揮命令できる体制にしていることだ。現時点までに数多くの組織がつくられており、これで習近平も統率しやすくなる。主なものには、①中央全面改革深化指導小組、②中央国家安全委員会、③中央インターネット安全保障及び情報化指導小組、④中央軍事委員会国防及び軍隊改革深化指導小組、⑤中央財政経済指導小組などがある。

中国共産党および中国政府の最も大きな欠陥は、信じられないほどの縦割り行政にある。制度として部門間の調整がまったくなされないのだ。日本政府もよく縦割り行政の弊害を指摘されるが、中国とは比べものにならない。中国では部門間の調整がなされないまま上に上がってしまうのだ。別の言葉で言えば、自分の所掌事務に、その職務権限を持たない人物は口出しできないということだ。これは実に徹底している。

駐日大使の経験もある王毅外交部長は、外交部長の前は台湾を担当する大臣をやっていた。そのころアメリカのシンクタンクで講演し、台湾以外の外交問題について質問されると、「答える立場にない」としきりに弁解していたらしい。そこで外交部長になった後は「もうなんでも答えます」と言って笑いをとっていた。台湾担当のころ、それ以外の外交問題について何か発言していれば、当時の楊潔篪外交部長との関係はもたなかっただろう。

それに加え、縦割りを助長する仕組みがある。すでに見た「集団指導」と「個人分業責任制」がそれだ。大きな方針などは集団で議論をして決めるが、その実施は担当の責任者に任されることになっているのだ。

その結果、総書記は決めた方針の実施に関する調整は直接指示することはできず、決めた場所である政治局常務委員会にもう一度戻すしかない。だがそれでは時間がかかるし、そもそも戻せない場合もある。

「小組」が作られる理由

そこで関係する部門のトップを集めて調整し意思決定する場が必要となる。これまでの組織とは別の新たな組織を作り、総書記が直接、指揮監督できるようにするしかないのだ。それが「△△小組」あるいは「××委員会」をつくる理由である。

それぞれにとても重要な組織だが、習近平改革の成否を決める『中央全面改革深化指導小組』（以下改革深化指導小組と略）は特に重要である。この例を参考に、部門横断的な組織をつくることの必要性と、その結果として習近平に権限が集中することになる仕組みを説明する。

この改革深化指導小組の任務と権限は、「改革の全体的な設計を行い、総合的に計画し、調整を行い、全体を推し進め、実施を監督し促す」ことにある。13年12月、改革深化指導小組が成立し、翌14年1月、指導小組の第1回会議が開かれた。

習近平が組長となり、3名の副組長が登場した。国務院総理の李克強は当然として、劉雲山中央書記処常務書記および張高麗国務院副総理が入った。いずれも政治局常務委員である。彼ら以外には関係する部門のトップの責任者が改革深化指導小組のメンバーとして名を連ねている。

そしてこの改革深化指導小組の秘書長兼弁公室主任に王滬寧が就任した。事務局長であり官房長官である。先に述べたように共産党の「頭脳」である中央政策研究室の主任である。この人事を見ても、習近平体制の下で王滬寧が急速に重要性を増してきていることが分かる。改革深化指導小組の下に経済・エコ文明、民主法制、文化、社会、党建設及び紀律検査の6つの専門部会(「専項小組」)が設置された。

この指導小組を使って習近平は、より直截に他の常務委員が所管している事項についても指導し、監督することができるようになり、習近平の権限は間違いなく拡大した。

そしてそのようにして集中された「権限」に加えて、実績を出すことで作り上げられる「権威(+迫力)」が生じることにより、習近平の真の「権力」が生まれるのである。

権力掌握のカギは人民解放軍にあり

確かに習近平への「権力」の集中は進んでいる。とりわけ人民解放軍において、その動きは顕著だ。これは江沢民や胡錦濤と比べると、はるかに速い。党の総書記に就任すると同時に軍事委主席に就任したこと以外にも、主席就任後、習近平は素早く人民解放軍の人事に手を付けている。

中国共産党が政権を取った後も、生きるか死ぬかの重大な局面に遭遇するときに、人民解放軍は必ず登場している。

66年に文化大革命が発動され、中国が大混乱に陥ったときに、秩序を回復し安定させたのは毛沢東が人民解放軍の投入を決めた後だった。76年に四人組を倒し、文化大革命を終了させたときも、長老グループは事前にしっかりと人民解放軍を掌握している。

89年の天安門事件のときも、最後に登場し民主化運動を抑えこんだのは人民解放軍であった。だから鄧小平も江沢民に人民解放軍を掌握することの必要性を教育している。

12年2月に表面化した薄熙来事件は、党中央を二つに割りかねない重大事件であった。習近平にとり、早急に人民解放軍を掌握する必要があったから人事を急いだという側面は確かにある。だが急いだとしても、それができるかどうかは別問題だ。

私は、それが可能となった最大の理由は、習近平の持つ個人的な背景にあるのではないかと考えている。習近平は初めから人民解放軍の中に自分を支えてくれるグループを持っていたのだ。

人民解放軍が習近平を支える理由の一つは、習近平が中国共産党の元老である習仲《しゅうちゅう》勲《くん》を父親に持ち、その習仲勲は人民解放軍と深い関係をもっていたことにある。

人民解放軍は一時期、第1から第4までの野戦軍に区分されていた。習仲勲は、若いころから政治委員として地元の軍を指導してきた。また短期間ではあるが、人民解放軍の中核をなす第1野戦軍の政治委員をしていたことがある（司令員は朝鮮戦争を指揮したことで有名な彭徳懐）。

この時代の中国共産党の指導者は何でもやった。行政もやったし、軍も指揮した。習仲勲と軍の仲間たちは、そういう苦楽を共にした関係なのだ。

この第1野戦軍の前身の軍は、毛沢東とともに国民党軍に追われ江西省瑞金から実に1万数千キロを徒歩で逃げ延び、やっとのことで陝西省延安にたどり着いた。この「長征」の間に兵員は激減した。延安でその補充をしたので、補充兵の多くが西北地方（主として陝西省と甘粛省）の出身者であったことは想像に難くない。

習仲勲は、陝西省で生まれ西北地方で党の活動を続け、若くして頭角を現した逸材である。彼は、実は共産党の主流である「長征組」ではなく、その「長征組」を現地で受け入れた「地元組」の代表だったのだ。この事実は、その後の彼の党内の立ち位置に微妙な影を投げかけるが、地元出身者は当然のことながら習仲勲を自分たちのリーダーとみなし慕う。

習仲勲とこのように関係が深く、また、この地方出身者が多い第1野戦軍は、その後、司令員の彭徳懐が毛沢東と衝突して失脚すると地方のドサ回りをやらされた。彭徳懐の軍とみなされていたからだ。このことがかえってその後の政変から第1野戦軍を遠ざける結果となり、生き残った。そしてその人脈も保たれたのだ。

その人脈に属する人たちが、習仲勲の息子である習近平に心情的に傾くこともまた自然といえる。たとえば総装備部のトップをつとめる張又俠《ちょうゆうきょう》上将（大将）は、張宗遜《ちょうそうそん》（上将、人民解放軍総後勤部長を務めた）の息子だが、張宗遜は陝西省の出身で、習仲勲が第1野戦軍の政治委員をつとめていた時に副司令員をつとめている。

習近平の人民解放軍人脈

習仲勲は、やはり有能な人物だ。53年に国務院秘書長となり、周恩来国務院総理の下で10年近く働いた（59年から副総理を兼務）。しかし62年に「小説《劉志丹《りゅうしたん》》問題」でつまずいた。

劉志丹は、西北地区において習仲勲が師と仰いだ革命指導者であり、新中国成立前にすでに戦死していた。だがこの小説をきっかけにして党内で劉志丹の路線が批判された。これに対し、習仲勲は劉志丹を敢然と弁護し、逆に批判され閑職に移された。66年には文化大革命に突入し、結局78年春までの16年間、不遇と迫害の生活を送った。

このころ習近平は、69年から75年まで延安市延川県に下放され、貧しい農民と同じような生活を送っている。父親の〝根拠地〟にいる方が安全だったのだろうが、苦労は十分している。その後79年まで清華大学化学系で「専業学習」（「卒業」ではない）をした。

つまり習近平は、9歳から25歳までの多感な少年、青年時代の日々、父親の失脚に伴う不遇な時代を過ごしたのだ。このことが彼の人生観に大きな影響をあたえたであろうことは容易に想像できる。

78年に政治的汚名をそそぎ復権した習仲勲は、すぐに広東省の責任者となり、省長や書記を歴任した。80年に政府は趙紫陽が、81年には党は胡耀邦が、それぞれトップを占める体制となった。

ここで鄧小平の改革開放政策はほとんどが広東省で始まり、全国に広がったことを思い出してほしい。習仲勲は、鄧小平、そして胡耀邦と趙紫陽の厚い信頼を得ていたのだ。81年6月に中央書記処書記になり、82年9月には政治局委員となり中央書記処の日常業務の責任者となった。胡耀邦を全面的に支えたのだ。

習近平は、79年、父親の旧友で、当時中央軍事委員会の秘書長をしていた耿飈《こうひょう》の秘書となり、82年まで勤務する（耿飈は81年に国防部長に栄転している）。耿飈も著名な軍人である。この時代の人民解放軍人脈および中央での経験も習近平を助けているはずだ。これが人民解放軍に習近平グループができた二つ目の理由だ。

三つ目は、高級幹部子弟同士の関係だ。このまとまりが「太子党」と呼ばれているものだが、さきほどの張又俠もこれに当たる。子供のころから同じような環境に育ち、同じ学校に通えば、友人関係は深まる。もちろん太子党だからと言って皆、仲が良いわけではない。だが子供のころの関係による結びつきは、かなり強いことも事実だ。

12年2月に人民解放軍総後勤部副部長をつとめる谷俊山《こくしゅんざん》中将が腐敗に係る紀律違反で罷免された。軍に対する腐敗取り締まりの極めて重要な動きだが、これは総後勤部の政治委員の地位にある劉源《りゅうげん》上将が処分を強く主張したからだと言われている。

谷俊山は、人民解放軍の実力者の一人である徐才厚《じょさいこう》上将（12年11月の第18回党大会まで中央軍事委員会副主席、07年10月まで中央書記処書記。15年3月、癌で死去）と近い。谷俊山の失脚は、14年6月の徐才厚の失脚へとつながり、その分、習近平の力は強まった。

劉源の父親である劉少奇は、毛沢東の時代に党のナンバーツーとなり、国家主席の地位にあるときに文化大革命により打倒され、監獄で悲惨な死を迎えている。劉源は太子党であり、劉源の動きに習近平は助けられているのだ。

また国防大学の政治委員をしている劉亜洲は、習近平に近いと言われる。12年に空軍大将に昇進した。革命の元老で国家主席もつとめた李先念の娘婿である。夫人が対外友好協会会長李小林だ。

このように習近平は独自の人脈を人民解放軍の中に初めから持っていたのである。

第5章　「トラ退治」はどこまで進むか

「反腐敗」の真剣度

12年11月に党のナンバーワンに就任するや、習近平はただちに党内の引き締めと反腐敗に動いた。彼らの言い方では「党の建設」になる。それは組織としての党の雰囲気や仕事のやり方（＝党風）をより良いものとし、清廉な政治（＝廉政）を作りあげることである。それを達成するための重要な手段として反腐敗闘争を前面に押し出したのだ。

習近平は、「党の建設」をやり遂げることが「中国の夢」を実現する前提であることを強調している。国民党が共産党に倒されたのも腐敗のせいだし、天安門事件も腐敗を憤る気持ちが人々をデモに駆りたてた。腐敗とそれがもたらす貧富の格差の拡大は、共産党に対して国民が最も不満をつのらせていた事柄であり、反腐敗はある意味で国民対策でもある。現に国民は習近平のイニシアチブを大歓迎している。国民の支持を背景に党内の大掃除をするという側面も確かにある。

　だが同時に党内の引き締めを図ることで、政策を本気で実行できる党組織にするという意図もはっきりしている。これまでのいい加減な、たるんだ組織から規律正しい能力の高い実働部隊に本気で変えたいのだ。

　また、腐敗事案を使って相手を弱体化し、自分の立場を固める意図もある。政治の世界で「権威＋迫力」をつくりだす手法の一つであり、共産党の伝統的なやり方でもある。反腐敗を徹底し、抵抗勢力の力を削ぎ、党中央の突破力を強める意思を感じる。

　だがそれは、単なる権力闘争を越えて、共産党の生き残りをかけた大改革、つまり「改革の全面的深化」を成功させるための準備作業でもあるのだ。権力闘争に重点を置いた中国解説をよく目にするが、一面的すぎる。党内世論と関係なく、むやみやたらと権力闘争をしているわけではない。

　党内世論は国民世論の影響を強く受ける。ネットの時代になって、その傾向はますます強くなった。「権力闘争は中国共産党の〝コップの中の嵐〟であり、コップ自体を壊すことはない」という私の仮説を思い出してほしい。この大きな枠の中ではさまざまなこと（嵐）が起こっていても、共産党の統治の維持を図るという明確な意思（コップ）

は揺らがない。習近平がやっていることは、こういう大きな文脈のなかでの話なのだ。その目的は、私がこれまで強調してきた権力の集中による突破力の強化であり、政策を実現する強制力の強化である。

厳正な規律がそのために必要であり、習近平の一連の動きは、それを確保しようということだ。だから習近平は13年1月の中央紀律検査委員会の全体会議において「党の直面する挑戦が厳しければ厳しいほど、党が団結して一つとなり、意思を統一し、行動を統一し、足並みを統一しなければならない」と言う。

そして同じ会合で「厳正な紀律は、何にもまして厳正な政治的紀律であり、それは党規約を遵守することから始まり、その核心は党の指導を堅持することにあり、……党中央と立場を一致させ、党中央の権威を守ることにある」と言う。

薄熙来の動きが思い出されるではないか。薄熙来は党中央、つまり胡錦濤に公然と逆らった。その後ろに周永康がいたという〝巷の噂〟も重みをもつ。

さらに続けて「地方と各部門の保護主義、自分だけ良ければよいという考え方を防止し、克服しなければならない。〝上に政策あれば、下に対策あり〟を決して許してはならず、命じられても行わず、禁じられても止まず、ということがあってはならない。中央の決定や配置を〝割引〟したり〝選択〟したり、適当にやったりしてはならない」とくぎを刺している。

トラもハエもともに叩く！

この13年1月の中央紀律検査委員会の全体会議において、習近平は反腐敗闘争の推進を高らかに宣言した。つまり「誰であろうと、その地位がいかに高かろうと、党の紀律と国の法令に違反すれば厳しく責任を追及され、厳しく処罰される。重大な紀律違反を厳正に調査し処分するという党の決意と態度は、決して絵空事ではないことを、ここに全党、全国民に対し表明する」と大見得を切ったのだ。

そして「厳しく党を治め、厳しく処罰するという、この一手を緩めるわけにはいかない。〝トラ〟も〝ハエ〟もともに叩き、指導幹部の違反案件を断固として調査し処分するとともに、大衆の身近にある不正の風と腐敗問題も確実に解決する」ことを改めて宣言した。

〝ハエ〟を叩くことは末端の民衆の不満を解消するのに大いに役立つ。また〝トラ〟を叩けば国民は拍手喝采する。同時に習近平の党内の抵抗勢力を弱め、習近平への求心力を強めることができる。〝トラ〟は大物であればあるほど、習近平の権力集中には役立つが、逆に党内に亀裂を作り、恨みを溜め、将来の禍根を残すことにもなりかねない。大物を捕まえれば、中国共産党内の錦の御旗である〝安定団結〟を損なうというわけだ。とりわけ「礼は庶人に下らず、刑は大夫に上らず」(『礼記』)ということで、地位の高いものは処罰されないという中国風の考え方にも反する。やり過ぎだという党内世論をつくり、抵抗勢力の現状維持の大義名分に利用される。

確かに〝安定〟〝改革〟および〝発展〟は、改革開放時代の三つのキーワードであった。〝安定〟はすべての前提条件であり、〝改革〟は推進力であり、〝発展〟は達成すべき目標であると整理された。だが党内の〝安定団結〟のために、〝社会の安定〟が壊されたのでは話にならない。習近平は、党の生き残りのために、この大手術をすることにしたのであろう。

だがこの大手術が党内の既得権益層が相手であることは、はじめから歴然としている。最大の、そして最強の既得権益層が、江沢民が手塩にかけてきた人たちであることも分かっている。だから厳しい戦いになることも分かっている。それでも始めた。しかも銅鑼をガンガン鳴らしながら、大見得を切って始めた。退路を断ったのだ。

朋友・王岐山

政治局常務委員であり、中央紀律検査委員会の書記をつとめる王岐山には、ここまで意識的に触れてこなかった。しかし習近平体制となり、王岐山は極めて重要な役割を果たしている。中国ではこの体制を習・王体制と呼ぶ人も出てきているくらいだ。

徹底した反腐敗闘争は、王岐山なくしてこのような形で推進されることはなかったであろう。王岐山の性格と仕事の仕方が色濃く反映されているからだ。

中国の友人たちの話を総合すると、習近平は強い性格であり、やられたらやり返すところがあるが、それでも人の話をよく聞いて自分の考えをまとめるところがあるらしい。王岐山はと言えば、かなりの場合はすでに自分の意見があり、それを断固として推し進める性向があるようだ。

12年の第18回党大会において新しい党の指導部が発足し、政治局常務委員会の6番目の委員として王岐山が選ばれ、担当が紀律検査となった時、多くの人がこの人事配置に驚いた。皆、彼を経済の専門家だと思っていたからだ。わたしも王岐山とは建設銀行副行長時代から面識があるが、その後ずっと経済関係を担当してきたという印象が強い。

実際には、03年に海南省の党委員会書記から北京市長に抜擢され、ＳＡＲＳ対策でヘマをした北京市政府の立て直しを任され、さらに北京オリンピックの責任者にも据えられた。彼の問題解決能力が高く買われていることがうかがわれる。

その後の経過から分かるのは、この王岐山を紀律検査委員会書記にする人事は、熟慮の上に決定された、習近平政権のカギとなる人事だったということだ。

習近平は53年生まれであり、王岐山はそれより５歳年長の48年生まれだが、この二人は、共に都会の知識青年として同じ69年に陝西省延安に下放されている。

王岐山の父親は清華大学出身の高級工程師（エンジニア）ではあったが、革命に功労のある高級幹部ではなく、むしろ革命前に国民党と関係したことがあり、そのことで苦労している。王岐山が〝太子党〟と間違われるのは、夫人が姚依林という政治局常務委員までやった大物の娘だからだ。まだ結婚してはいなかったが、下放されたのも同じ場所だったらしい。

習近平は延安に下放されていたころ、王岐山の住む部屋に泊まったこともあると言われており、この時代からお互いに面識があるのは間違いない。そして王岐山は、問題が起こるたびに〝火消役〟として登場し、成功を収め昇進していった。知恵があり、人を組織して、ものごとを動かし解決することにたけた人なのだ。

中国共産党には、党大会の時点で68歳になっていると政治局常務委員にはなれないという面白い〝内規〟がある。江沢民は、自分が作った〝内規〟を使って02年の第16回党大会では当時の江沢民の最大の政敵であった李瑞環の再任を阻止した。また07年の第17回党大会では同じ理屈で自分を裏切った曾慶紅（上海の陳良宇失脚事件のことを指す）の再任を阻止している。

王岐山は、17年の第19回党大会の時点で69歳となっており、再任されるかどうかは微妙である。だが王岐山の存在は習近平にとりますます不可欠のものとなってきている。王岐山が成果を上げればあげるほど習近平体制は盤石のものとなっていく。17年に王岐山をどう処遇するかは、習近平にとり間違いなく大きな課題であろう。

「大トラ」徐才厚と周永康

そのうち習近平と王岐山の狙う〝トラ〟が、徐才厚と周永康の二人であることが、徐々に判明してきた。

徐才厚は、江沢民時代の99年に陸軍大将へ昇進し、中央軍事委員会委員となっている。

江沢民から胡錦濤に中央軍事委員会主席が替わる04年に中央軍事委員会の副主席に昇進した。まさに江沢民派の人民解放軍の超大物軍人である。

薄熙来事件の激震が続く12年2月、徐才厚の部下の谷俊山（人民解放軍総後勤部副部長、中将）が腐敗がらみの紀律違反で罷免された。このときから、いつ徐才厚に司直の手が伸びるかが注目されてきた。

14年3月、ついに谷俊山は軍事法廷にかけられることが決まった。つまり紀律検査委員会が所管する党内処分のプロセスから、軍の場合は軍事法廷が所管する司法プロセスに移されたのだ。

その後の動きは早い。同月徐才厚に対しても党組織による調査が決定され、同年6月、政治局は徐才厚の党籍を剝奪することを決定し、刑事責任を問うため、収賄容疑で軍事検察機関に送るとした。谷と徐の両案件は間違いなく連動していたのだ。

次が周永康だ。周永康は石油関係の仕事に長く従事した。江沢民時代の98年、中国石油天然ガス総公司の総経理から国土資源部部長に抜擢された。そして99年には四川省の党委員会書記に昇進した。

胡錦濤時代となった02年には政治局委員となり、中央書記処書記をつとめるとともに公安部長も兼任した。大抜擢されたのだ。そして07年に政治局常務委員となり、中央政法委員会書記となったことはすでに触れた。

習近平と王岐山は、周永康のかつての部下たちから手を付け、証拠固めを進め、部下たちは次々に司直の手に落ちた。このことは、周永康が自分の部下を守る力がないことを見せつけるものであり、周永康に捜査の手が及ぶのは時間の問題だと見られていた。

しかし、それを疑問視する向きも多く、またそう考える理由も山ほどあった。

政治局常務委員という地位にあった人物が、紀律検査委員会の審査を受けたような例はこれまでない（政治局委員まではある）。しかも公安部長をやり、政法委員会の書記もつとめ、警察・司法の分野に隠然たる影響力を持っている。さらに江沢民や曾慶紅といった大物長老との関係も深い。

このような背景をもつ〝トラ〟を叩けば、対立は抜き差しならないことになり、場合によっては習近平が返り討ちにあうことさえありうる。勝ったとしても巨大な敵対グループを抱え込むことになる。したがって周永康の事案は、徐才厚の事案以上に習近平の力量を計るテストケースと見られていた。

14年7月、党中央は周永康に対し、「重大な紀律違反の疑いにより、……中央紀律検査委員会が立件審査を行うことを決定」した。同年12月、政治局は周永康の党籍剝奪を決定し、法に基づいて立件・調査し、逮捕することを決定した。司法プロセスに乗せ、罪人として処断することにしたのだ。

その直後の同じ12月、中央紀律検査委員会は、胡錦濤の元側近で党の中央統一戦線部長をしていた令計画が、重大な紀律違反の疑いで調査を受けていると発表したのである。巷では、江沢民派だけではなく共青団系列も倒すのかという衝撃が走った。ただ本書執筆時点では、それが主因なのか、それとも一族出身地の山西省の問題なのかはよくわかっていない。

習近平はほぼ2年かけてここまで来た。中国国民も、習近平の華々しい反腐敗闘争宣言には万雷の拍手で歓迎したものの、ここまでやれるとは思っていなかったはずだ。中国スタンダードでは、やはり大変な成果を上げたと言えるのだ。

〝トラ〟を叩いて何を得たのか

徐才厚と周永康は、これまで処分や処罰をされた党員の中で、それぞれ軍および党における最も高いレベルの大物である。この二人とも江沢民との関係は深い。習近平の

〝トラ退治〟の意味をもう少し考えてみよう。

徐才厚のケースは、軍に対しても手出しをする力があることを示し、軍を掌握するための動きであったことは間違いない。すでに触れたように、軍内の「習近平グループ」の支援もあり、習近平は急速に軍に対する影響力を強めてきた。だが軍に対する江沢民の影響力は依然として大きい。江沢民の時代は直接に、胡錦濤の時代は間接に、江沢民は20年以上にわたり軍人の昇進に手を貸してきた。

これに恩義を感じている将軍たちも多い。中国では昇進すれば利益につながる場合が多い。習近平が反腐敗の動きを強めれば強めるほど、江沢民と共同戦線を張りたいと思う軍人もたくさん出てくる。

だが、人民解放軍の深刻な腐敗体質は今や公然の秘密である。国民との関係、改革の貫徹など、いずれをとっても軍に対する反腐敗の動きは強化するしかない。そうすればするほど江沢民系列の軍人は、結果として排除され、習近平の軍の掌握も早まる。

習近平は、党や軍の改革派のバックアップを得て、江沢民の逆鱗に触れることを覚悟して徐才厚をたたいた。そして軍人たちは、中央軍事委員会の副主席までつとめた大物でもやられることを知った。習近平の覚悟と「力」は理解されたのである。

周永康は、徐才厚以上の大物だ。そのような人物を屈服させることができれば、習近平の「力」はさらに強まる。習近平はそのことだけのために周永康を追い込んだのであろうか。私にはそれ以上のものがあると思えてならない。

習近平が周永康にこだわったのは、周永康が薄熙来を支援したと言われていることと関係しているのではないだろうか。党中央にたてつき、それをないがしろにする動きをしたのが薄熙来であった。これは党として絶対に看過できない。党中央にたてつけば誰であろうと許されることはあり得ないというのが党員の常識だ。このことを具体的行動ではっきりとさせようとする習近平に対し、（江沢民およびそのグループ以外の）長老と多数の党員が理解を示し、そういう党内の空気が醸成されたのではないか。

だが、党内世論の大勢が習近平に味方しても、現場で勝てるという保証はない。何せ周永康の後ろには江沢民がいるのだ。そうなると、とにかく今は模様眺めで何も動かずじっとしておこうという、党内の別の「世論」も強くなる。

だからこそ、周永康をしっかりと処分する必要があった。つまり周永康の事案は習近平が真に権力を集中したのか、あるいはまやかしの権力集中なのかをテストする象徴的な案件だったのだ。だから習近平には他の選択肢はなく、この大トラを引きずり下ろすしかなかったともいえる。

それに正義は習近平の側にある。悪を退治しようとする側と、悪さはしたが少しまけてくれという側では、勝負にならない。そして、これだけ大きな花火を打ち上げ、国民も大歓迎しているものを実現できないとなると、習近平の反腐敗の決意に対する信頼性と権威を大きく傷つける。

さらに時間も習近平の側にある。22年までナンバーワンを続けると見られている人物と、88歳を過ぎた人物とでは、普通は前者を選ぶ。習近平が負けない、勝てる、と思っても何ら不思議はない。

「大トラ」はもう退治されない？

周永康事件について、中央党校機関紙『学習時報』の元副編集長、鄧聿文は、次のような趣旨の興味深い分析を香港紙『大公報』電子版に寄せている。

大トラや老トラが、さらに引きずり下ろされることがあるのかという点については、そうした可能性は、習近平の第一期の任期中には、ほぼゼロだと言わざるを得ない。

これは一種の妥協に見えるが、こうした妥協は習近平にとってみれば、悪いことではない。なぜなら、習近平に反対した場合、自分が次のトラになる可能性を考えざるを得ず、反対できないからだ。それは習近平に反対する人物が彼の権威を認め、その指導に服従し、今後は彼に対して大きな妨害をすることはないことを意味するからだ。

この妥協は、戦略的にも必要なことである。もし周永康事件の勝利に乗じて追撃し、さらに別の大トラをやっつければ、だれもが自分たちは危険にさらされていると感じ、この集団としての危機感は雪ダルマ式に大きくなってしまう（そして窮鼠猫を噛むことになる）。

それ以外にもさらなる大トラ退治は、党のイメージや党の統治の正当性に対して、間違いなく巨大な破壊力を持つことになる。なぜなら、国民はこれまで腐敗の深刻さを直感してはいたが、実態が白日の下にさらされてしまえば、そのような党を支持することはさらに難しくなるし、党のイメージが大きく破壊され、習近平自身が党の最高指導者として、真っ先に攻撃を受けることになるからだ。

習近平の反腐敗は、汚職のない官僚チームを確立することを最大の狙いとしていると見るべきである。

これは、私の皮膚感覚とかなり近い。つまり反腐敗闘争をやりすぎると、党を割る可能性があり、不十分だと「権力」の確立ができず、改革も不十分なものになってしまう。大物を叩けば叩くほど、共産党はそこまでひどいのかと国民の信認はさらに下がり、結局それは国民との関係で習近平の権威の低下をもたらす。しかし大物をある程度叩かないと党内の「権力」は確立しない。反腐敗闘争ひとつをとっても極めて微妙なバランスが求められていることが分かる。

それでも今回のトラ退治はどこまで行くのかという疑問は自然に出てくる。大物の名前も次々に出てきている。しかし考えておいたほうが良いのは、「何のためのトラ退治か」ということだ。それは共産党をもう少し国民から支持され、仕事をしっかりできる組織に変え、必要なトップへの権力集中を可能にするためのものであった。

逆に言えば、それらが実現すれば、それ以上トラ退治をする必要はないということになる。トラ退治の基本は、党中央が決めたことを実施する力があることを示すためのものであって、むやみやたらに退治する必要はない。習近平にとって、トラ退治のマイナスも大きいのだ。

もちろんハエ叩きは続く。そうしないと国民との関係がもたないからだ。反腐敗は「汚職のない官僚チームを確立することを最大の狙いとしている」という鄧聿文の分析は、やはり正しいと思う。15年2月、王岐山は退職幹部を前に「(反腐敗の)力のかけ具合とテンポ」を上手に把握する必要を語っている(香港の中立系紙『明報』)。状況を見きわめながら丁寧に進めていこうとしているのだ。

しかし政治は〝生き物〟だ。一つの動きが別の動きを引き起こし、計算違いの結果となることもままある。中国国内の動きの一つ一つを注意深く見守る必要がある所以だ。

紀律検査委員会という諸刃の剣

紀律検査委員会の機能が、十分に発揮できていない最大の理由は、党の内部機関であることと関係する。いかなる組織でも身内には甘くなるものだ。したがって党や党員の監督は、外部の第三者にやってもらうのが最も効果的だと思うのだが、共産党はまだそこまでの決意を固めることができていない。そこで紀律検査委員会そのものの強化に乗り出した。

紀律検査委員会は、中央から基層組織まで各レベルにおいて設置されており、党員の紀律違反を調査し処分する権限を持つ。敵に回せば実に怖い存在である。

それ故に紀律検査委員会の委員は、各レベルの党の代表大会によって選出される仕組みとなっている。だがここは再び「中国式相談」の世界であり、誰が紀律検査委員会の委員になるかは、各レベルの党委員会の有力者の意向に大きく左右される。そうなると紀律検査委員会も自分を任命する人事権者の「処分」などできるものではない。慣れ合いの世界に入るのだ。

そこで中央の紀律検査委員会が、地方の党委員会の影響を排除し、紀律検査委員会を直接管理できるようにすることにし、そのための措置を強化している。たとえば地方の紀律検査委員会のトップに地元出身者が就けないようにしたり、上級の紀律検査委員会の指導を強化したりしている。

また密告を奨励し、マスコミが暴くことを許している。さらに、それまで紀律検査委員会は告発を受けて出動するのを原則としていたが、03年には党内の定期的な査察を行うための巡視制度も始めている。習近平の時代となり、この巡視制度が威力を発揮し始めた。巡視組（チーム）が突然ある地方や組織の査察を行い、徹底的に調べて腐敗や不正があれば処分しており、皆、戦々恐々だ。

だが、まだ不十分であり、党と政府の腐敗に対する国民のまなざしは依然として厳しい。王岐山は、13年1月の中央紀律検査委員会の会議の場で、「腐敗の治療は、当面、応急処置を主として行い、これからの根本的な治療に必要な時間を稼ぐ」という趣旨のことを言っている。つまり反腐敗は、これからもずっと続いていくものであり、彼らは根本的な対策を考えているということだ。

そのために新たな体制をつくった。「改革深化指導小組」の下に設けられた６つの「専門チーム」の一つの「紀律検査体制改革チーム」が、それである。

王岐山の持ち味は、スピードと構想力と実行力だ。彼は、まず組織の指導力の強化に着手し、趙洪祝《ちょうこうしゅく》（中央書記処書記、中央紀律検査委員会副書記）を、この「専門チーム」のトップに据えた。

その次に、基本となる考え方、達成すべき目標と主要任務、さらに具体的なやり方ととるべき措置、そしてそれぞれが達成される時間表までも定めることにした。それが「紀律検査体制改革実施方案」である。そして、この「実施方案」は、14年6月の政治局会議で実際に決定された。17年までに基本的に完成させ、20年までに全面的に達成するという時間表まで決めたのだ。

三番目に王岐山は、中央紀律検査委員会内の責任と分業体制を明確にした。委員会の副書記と主要メンバーは、それぞれ一つの研究課題を決めることになった。また委員会内に中核となる単位（牽頭単位）を定め、8つの中核単位が、現時点において実行できると思われる10項目の改革措置に取り組むことを決めた。

最後に確実に結果を出すことを求めている。つまり達成すべき時期を定めて逆算して今何をすべきかを決め、仕事の時間表とロードマップをつくれと言っている。そして監督をしっかり行い、毎月報告することを求め、実施の状況が予定と合っているかどうかをしっかり確認しなさいというのだ。

これが王岐山流の仕事のやり方なのだ。下で働かされると本当に大変だと思う。しかし、このくらい力を入れてやらないと、中国ではものごとは動かない。中国スタンダードであってもこれが成功すれば、ものごとは動き出す。共産党は、そのようにして中国を統治し、結果を出してきたのである。

第6章 「みんなの党」になった共産党の矛盾

易姓革命におびえる共産党

共産党は、中国において他と較べようもない強大な組織だ。それなのに、彼らはいつも〝統治の正当性〟の影におびえている。改革開放政策がこれほど成功を収め、中国の国民もこれほど豊かになったのに、かえって国民の不満は強まっている。

そして共産党は道なき道を試行錯誤で前に進んでいる。だから時には自信も揺らぐ。統治に自信がなくなればなくなるほど、民が怖くなるのだ。このことは中国の歴史と切っても切れない関係にある。

中国は「易姓革命」を信じてきた社会だ。この考え方は中国古代に成立した。「天」という絶対的な存在があり、「天子」（皇帝）は「天命」を受けて天下を治める。だが、もし（姓を持つ）皇帝に不徳の者が出て、民の支持を失えば「天命」は革《あらた》まる。そこで他の姓を持つ有徳者が天命を受けて新しい王朝を開くという考えだ。姓が易《か》わり、天命が革まったのだ。これが「易姓革命」だ。

確かに中国では、いかに栄華を誇った王朝といえども、最後は草の根の民の力で倒されている。そしてそれまでの皇帝とは異なる姓を持つ人物が新たな王朝を建ててきた。民の支持を失えば民に倒される。これが民間バージョンの易姓革命観であり、現在の指導者も間違いなくこの意識を持っている。

清朝末期、諸外国の侵攻を許し、国土は簒奪され、国家は半植民地状態となった。満州族という異民族に統治されていたこともあり、中国の民の心は清朝から離れた。孫文をはじめ、多くの人たちが清朝打倒に立ちあがった。彼らは国民党をつくり、清朝を倒し、ついに中華民国という新しい国を作りあげた。

だが日本の中国への侵攻は、共産党殲滅に血道を上げ日本と戦わない国民党というイメージを広げた。共産党と天下分け目の国共内戦を始めるころには、腐敗の蔓延と激しいインフレに追い打ちをかけられ、〝民の支持を失い〟、共産党に敗北した。共産党は、国民党を倒した側であり、この事情はよく知っている。

共産党は、政権を取るとすぐに資本家や地主といった〝既得権益層〟を打ち倒し、富と財産を人民にばらまいた。公平と正義を前面に打ち出し、伝統的な地下組織も、麻薬も、売春も一掃した。

今から振り返ると、1949年の中華人民共和国の成立当時が、国民の間で共産党の声望が最も高かった時期だった。日本を打ち負かし、中国から外国を追い払い、輝かしい新中国をつくった。そして国内では正義と公平の社会をつくろうと努力した。少なくともかなりの数の党員は、そうしていると信じていた。これを見て多くの国民は、共産党による統治は正当性を持つと考えた。統治の実体が、そう思わせたのだ。

しかし共産党の統治は、毛沢東による政治闘争に次ぐ政治闘争となり、経済は疲弊し、社会は破壊された。文化大革命でその頂点に達した。民心は完全に離れ、これに危機感を募らせた鄧小平が、改革開放政策を打ちだした。鄧小平のこの政策は、〝統治の正当性〟を取りもどすことに最大の狙いがあったのだ。

〝統治の正当性〟を如何に取り戻すかは、依然として彼らにとっての強迫観念なのである。中国共産党のものの考え方の中に、われわれの想像以上に、国民との関係が大きな位置を占めていることを頭に入れておく必要がある。

〝統治の正当性〟に対する江沢民の答え――「三つの代表」理論

鄧小平は、改革開放政策を〝統治の正当性〟に対する答えとしたが、江沢民は改革開放政策を補完するものとして「三つの代表」理論を準備した。

この理論は、01年の共産党成立80周年の記念日に全面的に打ち出され、共産党は次の三つのものを常に代表してきたし、今後もそうしなければならないとする。つまり①中国の最も進んだ生産力発展の要求、②中国の最も進んだ文化の進むべき方向、③中国の最大多数の人民の根本利益、である。これら三つを代表するのが共産党だというのだ。

この「三つの代表」理論は、一言で言えば、「新しい状況下で、共産党は中国の最も先進的な生産力および文化を代表し、最大多数の人民の利益を代表しなければならない」というものだ。要は共産主義に固有の労働者や資本家といった「階級」に着目するのではなく、中国の発展に貢献できる「最も進んだ力」を持つかどうかに着目して、党のあり方、党員の顔ぶれを考えようとしたのだ。

共産主義の基本は階級闘争であり、労働者階級が資本家階級を打倒して労働者の政権を樹立することを目的としている。社会は全部階級に分けられ、闘争する宿命にあることになる。文化大革命のとき、実際にそれをやり多くの悲劇をつくりだした。そこで

「階級闘争は一定範囲内で長期に存在するが、……すでに主要な矛盾ではない」（党規約）ということにした。

だがまだ残っているということでもある。「人民内部の矛盾」だと妥協は許されるが、「階級闘争」になると徹底的に叩き潰すしかなくなる。そこでより多くのカテゴリーの人たちを自分たちの「階級」に入れたほうが良いことになる。

この「三つの代表」理論の最大のポイントは、企業のトップにも共産党員になる道を開き、文化人も党員になりやすくしたことにある。なぜなら彼らは共産党が代表すべき「最も進んだ生産力」あるいは「最も進んだ文化」の重要な担い手だからだ。

江沢民の時代に、鄧小平の『南巡講話』の最後の一押しのおかげで、改革開放政策が完全に定着した。中国経済は急成長を遂げ、社会も文化も大きく発展した。その中で、新たなリーダーたちが続々と出現し始めた。民営企業家であり、新文化人である。

共産党は人材にこだわるし、優秀な人材が共産党の外にいると気になってしかたがない。とりわけ自分たちのコントロールできない社会空間の存在を嫌うので、そういう場所で優秀な人物が党に属さずに活躍していると不安になる。

江沢民が打ち出した「三つの代表」理論は、このような新しい状況に対する共産党の対策でもあった。それはまた優秀な人材を共産党に取り込むことにより、統治の権威を高め、〝統治の正当性〟を補強する方策でもあったのだ。

その結果、資本家であれ誰であれ、基本的に社会の全ての構成員が党員になれるようになった。共産党が「みんなの党」になったのだ。

だが、そのために、国内の「敵」をつくりだすことが難しくなった。共産党の統治に反対するものが「敵」になるのだが、国内の「敵」が少なくなった分、ますます外の「敵」が必要になった。

また「階級」から離れれば離れるほど、共産主義のイデオロギーとしての力強さと魅力は失われる。改革開放政策の持つ脱イデオロギー的性格は、「三つの代表」理論によりさらに強まった。

しかも、「みんなの党」になると、今度は階級ではなく全員の利益を代表しなければならなくなった。とはいえ、すべての人を満足させることはもはや不可能である。不満分子を党内に取り込んで党を強くするつもりが、今度は党内に新たな不満分子を増やす結果となったと言ってもいい。そうなると今度は、党全体を党員にとりもっとうまみのあるものにして不満を抑えるしかない。それがまた国民の不満を煽る。世の中とは、うまくいかないものである。

暗礁に乗り上げた「みんなの党」路線

このように中国共産党は、〝統治の正当性〟を国民に説明するのに悪戦苦闘している。江沢民は、在任期間中に3倍強になった経済を背景に「みんなの党」になることで、〝統治の正当性〟の問題を乗り切ろうとした。だが結局、成功しなかった。

胡錦濤の10年で、名目GDPは6倍弱となった。江沢民をはるかに凌駕する成績である。だがここでも〝統治の正当性〟の壁は破れなかった。それは深刻化する経済や社会の疾病に対し、目に見える成果を出せなかったからだ。

ときどき自分の皮膚感覚にぴったりの分析や解説に出合うことがある。ジョンズ・ホプキンス大学ランプトン教授の「軋みだした中国の統治システム」（『フォーリン・アフェアーズ』誌2014年1／2月号）という文章が、その一つだ。その中でランプトン教授は、鄧小平の時代と現在がいかに違うかをおおよそ三点にまとめている。

彼はまず、「中国の個々の指導者は、お互い同士および社会との関係において次第に弱くなってきている」と言う。

確かに毛沢東や鄧小平は、中国革命をまさに身を以て実行し、完成させた人々であった。明治の〝元勲〟と同じように見えるが、毛沢東や鄧小平は、伊藤博文や山県有朋たちより一世代上の、西郷隆盛や高杉晋作クラスの〝元勲〟なのだ。その後に続いた政治家とは重みが違う。

鄧小平自身、指導グループには必ず中心があるべきことを強調している。そして「第一世代の指導グループの中心は毛主席であり、……第二世代は、実際上、私だった」と述べている。だから第三世代以降もそうでなければならないのだが、江沢民の世代はどうにか江沢民が中心に座ったが、胡錦濤はそれさえできなかった。

時代が下がるごとに、党および国民社会との関係において、個々の指導者の力は確実に弱まっている。習近平はここに挑戦しようとしている。

ランプトンは二番目に「中国の社会、経済および官僚機構は細分化され、中国の指導者が対応し、少なくとも管理しなければならない関係者・部門の数が急激に増えている」と主張する。

中国の社会、経済および官僚機構が細分化されたのは、制度化の進展と密接不可分の関係にある。新たな経済活動が新たな生活空間、つまり社会の活動空間を生み出す。経済も社会も、急速に多様化し多元化しており、それを管理する党・政府機構も拡大し多様化し細分化していく。

中国の急激な経済成長は、古い制度を無意味にし、新たな制度を求める。ルールを作り、それを実施する仕組みを作り、それらを運営できる人材を養成しなければならない。しかも出来あがったと思ったら、もう時代遅れになっている。

そうなると一昔前のように、一つの課題に一つの政策という単純な手法は使えない。複数の課題を同時に解決する複合的な政策しかない。だが複雑になればなるほど政策の実施は難しくなるし、効率も落ちる。とりわけ共産党のように上からの命令や指示で動かす仕組みになっている組織にとっては難しい。それが現在の中国指導部の直面している現実なのだ。

ランプトンは三番目に、「中国指導部は、資金、能力および情報といった資源をより多く持つ国民と対峙しなければならなくなっている」と指摘する。〝賢い〟国民が登場してきたのだ。

93年に5％であった大学進学率は、10年には25％を超え、年間700万人を超える大学卒業生が送り出されている。12年に海外に向かった中国人留学生は約40万人に達し、同年27万人強の中国人が留学を終えて帰国している。14年の海外旅行者数は1億人を突破し、インターネット利用人口は6億人に迫る。中国の〝政治的に敏感な問題〟に関する情報管理は有名だが、それでもイタチごっこは続く。〝敏感な問題〟でなければネット空間は原則自由だ。国民は間違いなく賢くなっている。

これに世代交代が加わる。中国社会の世代間の断絶は、日本よりもさらに大きい。このような国民社会を相手に、政治の民主化、とりわけ国民が直接政治に関与していると感じさせる形で政治改革を行うことが、今はできずにいる。だとすれば、それ以外の方法で〝統治の正当性〟を説明しなければならないが、それも難しい。だから〝統治の正当性〟への強迫観念は、消えるどころかますます強まっているのだ。

ずたずたにされた伝統的価値観

中国には昔から八股文《はっこぶん》という、科挙の試験に使われた型にはまった文章の書き方がある。今の中国共産党にもそれはある。たとえば、ものごとを記述するときに積極面を多く書き、消極面は少なく書くべし、というのもその一つだ。

党の指導者の重要講話も、党の重要文書も、すべてそうなっている。私も長い間の習慣で、〝良い話〟は読み飛ばし、〝悪い話〟はじっくり読む癖がついてしまった。おかげで党指導部の現状に対する危機感はひしひしと感じている。

12年11月の第18回党大会において、胡錦濤は第17期中央委員会を代表して行った報告の中で「現在、世界の情況、中国の情況、中国共産党の情況は、引き続き深刻な変化が発生しており、われわれが直面する発展のチャンスと危険の突き付ける挑戦は、未曾有のものである」と述べている。

さらりと書かれているが、中国の経済、社会、政治、外交、軍事が重大な変革期にあることをはっきりと認識している。胡錦濤は、その報告の中で中国の抱える問題点を記述している。そして、あらゆる領域に深刻な問題が生じていることを認めている。

とりわけ社会の価値観がゆらぎさまよっていることは、共産党の統治を著しく難しくしている。胡錦濤は「一部の領域において道徳の規範が失われ、信義誠実が喪失するという現象が生じている」と言っている。儒学や老荘思想に代表される中国の伝統的な価値観は強靱なはずであったのに、近代化の大波の中で次第に弱体化し、それに代わるものは見つかっていない。社会の中核となる価値観が定まらなくなっているのだ。

1894年の日清戦争で、東夷の小国に打ち負かされたことが、中国の知識階級に近代化の必要を思い知らせた。この敗戦は、封建思想が近代思想に負けた結果であり、封建思想を捨て去り、西洋の近代思想を学ばなければならないと皆が思った。

封建制度を支えたのが儒学だ。国民党も、儒学を目の敵にし、西洋化に邁進した。だが、社会や家族の在り方、そして人間としての生き方に関する社会の伝統的な価値観そのものを否定したわけではなかった。

毛沢東は、中国を強くし外敵を追い出す道を追い求め、最後は共産主義にたどりついた。共産主義は唯物論であり、排他性が強く、唯心論の儒学だけではなく伝統的な価値観全体と折り合いが悪かった。なおかつ共産主義は、宗教的な情熱を呼び起こす力を持っていた。特に毛沢東は、伝統的な価値観を唾棄していた。そして彼が発動した文化大革命は、伝統的な価値観と貴重な文化遺産の多くを破壊してしまった。

次の鄧小平は経済を重視し、社会主義と共産主義の原理や原則を再確認することで、共産党の統治を守ろうとした。だが、社会や家族の在り方、そして人間としての生き方に関する社会の伝統的な価値観については多くを語らなかった。伝統的な価値観の居場所はまだ定まっておらず、これから考えなければならない課題として残ったのだ。

「立派な人」がいなくなった

若いころミュージカル映画『屋根の上のバイオリン弾き』を見たことがある。その中で主人公のロシアに住むユダヤ人が、20世紀の新しい時代の荒波に翻弄される自分を見つめて『トラディション（伝統）』という歌を歌いあげる。そして「人や社会は〝伝統〟があるからバランスを保つことができる。それを失えば、屋根の背でバイオリンを奏でるバイオリン弾きのように危うい」と訴える。伝統的な価値観を失うということは、人も、家族も、社会もバランスを失い、不安定になることなのだ。

70年代に中国共産党の人たちと付き合い始めたころ、文化大革命の真っ最中なのに一目で立派な人だなと思わせる人たちが結構いた。考えてみればこの世代の人たちは、新中国が成立する前に基本的な教育を受け、伝統的な価値観を叩き込まれていたのだ。

劉少奇という人は、国家主席までやって毛沢東に倒されたが、『共産党員の修養を論ず』という本を書いている。何が共産党員の修養かというと、中国式の立派な人間になることだと書いてある。何ということはない、伝統的な価値観を持つ立派な中国人が、かつては立派な共産党員だったのだ。

伝統的な価値観は、社会主義イデオロギーの中には居場所がなかったものの、どういう人間になるかという倫理の面ではしっかりと生きていたのである。ところが最近の中国社会は、そういう〝立派な人物〟を見かけることがますます少なくなってきている。

これは中国の教育が伝統的な価値観を正面から取り上げなくなっただけではなく、中国社会の現代化が進んで、物質文明の大波が中国社会にも押し寄せてきていることと関係しているのではないだろうか。

それだけではない。若者文化をはじめ、ありとあらゆる考え方や価値観が中国社会に押し寄せてきている。このように伝統的な価値観の基盤が弱っているところに、新しい価値観が次々と押し寄せ、その結果、中国社会の全体の価値観がさまよっているのである。中心となる価値観が無いのだ。これでは社会の建設などできない。

中国社会は、この社会の価値観と社会を構成する市民の価値観を作り上げる必要がある。あえて「市民」という言葉を使ったのは、この言葉には自分で考え、判断し、行動する、社会の構成員としての意味が強いように感じるからだ。

習近平も伝統的価値観の重視を言い始めた。それしかないからだが、哲学的には未整理のままである。

経済改革なくして持続的成長はない

もう一度、「経済の発展」＋「社会の安定」＝「中国共産党の統治の維持」という方程式を眺めてみよう。「経済の発展」がなければ「社会の安定」を保つことは難しくなり、「共産党の統治の維持」はそれで終わる。逆に「社会の安定」がなければ「経済の発展」もない。

共産党の統治が今日まで持ちこたえたのは、何といっても経済を伸ばしてきたからだ。経済が発展しないと中国のかかえる多くの問題は暴発する。

中国では長い間、新規就労者に職を与えるのが政府の重要な仕事であった。お金を稼ぐことを誰もが望んでいる。ところが就職の機会を増やすのも、国民の給料を上げるのも、経済が発展しないと実現できない。

経済は発展したが、中国の貧富の格差はむしろ拡大している。中国は大昔から格差社会だったので少々の格差で社会が動揺することはないだろうとタカをくっていたら、ある中国の友人から、「中国人ほど嫉妬深い民族はなく、他人が良い暮らしをしているのを見せつけられると不満はつのる」と言われてしまった。今の中国人がしばしば毛沢東の時代を懐かしむのは「貧しかったが皆平等だった」という気持ちからなのだ。

だから金持ちから税金をとり貧乏人に所得移転をする必要がある。だが全体の税収からすればたかが知れている。それに反対も根強く、相続税や固定資産税は、まだ実現していない。やはり経済を発展させ、一人一人の収入を増やしながら、経済成長にともなう税収増によって社会保障を充実させるしかない。

環境の悪化は、今や経済問題以上の大問題になってしまった。中国の人たちは、環境の悪化と食の安全の悪化に本当に怒っている。高度成長を続ければ、環境はさらに悪化し続ける。環境投資は企業にとってはマイナス投資であり、なかなかやりたがらない。税制や財政でインセンティブを増やすしかなく、すでに悪化した環境は政府が処理するしかない。国民の目に見える形で改善するためには、膨大な政府支出が必要になる。これも、それを支える税収がないとできない。

そして「強い軍隊」である。そんなものをつくって何をするのかは知らないが、この軍事費の増大も、税収が増え続けないと不可能だ。

このように税収は急速に伸ばさなければならないが、それを可能とするのも結局は経済成長である。だから党中央は、何がなんでも経済の発展を続けていくしかない。

成長モデルの転換が急務に

ところが、その経済が大きな曲がり角に来ているのである。

中国はこれまで外国の資本を入れ、技術を導入し、安い労賃を使って安い製品を作り、それを世界市場に輸出して成長してきた。しかしこの成長モデルを続けることはもはやできない。なぜならこの成長モデルのカギは安い労働力にあったからだ。中国の生産年齢人口は11年をピークとして急速に減少しており、それが労賃を押し上げている。それに加え、格差是正のためにも政策としても労賃を上げる方向で動いている。つまり人口ボーナスの終焉、安い労働力時代の終焉を迎えたのだ。

多くの識者が指摘するように中国も「ルイスの転換点」に到達したようだ。つまり農村の過剰労働力がすべて都市部の工場などに吸収された時点を過ぎ、高度成長の時代も終わりを告げる。これからは労働者側の収入が増え、経済は成熟期に入る。

この段階で「経済発展方式の転換」に成功しないと「中進国の罠」に陥ってしまう。つまりこれまで中国の経済を支えてきた労働集約的な産業が後進国に移る一方で、新しい産業が育たず経済成長が止まってしまう可能性があるのだ。

そこで、高賃金に耐えうる労働生産性の高い産業の育成を目指している。産業構造の高度化であり、これが科学技術の振興を図る一つの理由でもある。

また、08年のリーマンショックに端を発する世界恐慌を、4兆元の緊急経済対策で乗り切ったような、投資中心の経済運営の弊害も大きいことが分かった。投資と輸出に依存した経済から、消費主導の経済への転換を図らざるを得ないのだ。

この構造転換は、多くの積極的な意味を持っている。それは先ほど触れた最低賃金の上昇をもたらすし、農村と都市との間の格差是正にもつながる。いわゆる農村、農業、農民がかかえる「三農問題」の解決と結びついているのだ。

これらをすべて含んでいるのが、「経済発展方式の転換」なのである。そして資源配分において市場に〝決定的〟役割を発揮させようとしている。それが『改革の全面的深化に関する決定』のエキスでもあるのだ。

しかも高齢化社会はすぐそこに迫っている。リチャード・クーは、経済発展方式の転換のために残された時間は10ないし15年しかないという（『バランスシート不況下の世界経済』）。習近平の改革に残された時間もそれだけしかないということだ。

格差問題の象徴としての「三農問題」

現在は、あまり口にされなくなったが「三農問題」、つまり農業、農村および農民のかかえる問題は、依然として大きい。中国のあらゆる格差の問題は、都市と農村との間にもっとも顕著に表れている。

都市部一人当たり可処分所得の農村部一人当たり純収入に対する倍率は、09年の３・３倍から13年に３・０倍に低下しているが、まだ大きい。農村部は、第二次産業や三次産業が弱体であり、税収も少なく地方政府の力も弱い。社会保障や医療保険、それに教育といった国民が最も必要とするものが、都市と比べて著しく不足している。しかも悪名高い戸籍制度の問題がある。農村戸籍の者は都市に定住できないのだ。

つまり都市と農村は二元構造となっており、それが都市と農村の一体的な発展を制約する主要な障害となっている。それが教育と就業の機会の差や、社会保障の水準の差を生んでいる。

11年末に都市部人口が農村部人口を超えたが、それでも６億を超える人が、まだ農村部に住んでいることになる。ここをテイクオフさせ「三農問題」が一応の解決を見ない限り、中国全体の「発展」も「安定」もない。

農業は土地に縛られ、生産性の向上にも限界がある。農業人口を減らすしか、農民一人当たりの収入を増やす抜本的な方法はない。この離農人口をどうするのかが中国指導部に突き付けられた大きな課題となってきた。

この課題に対する習近平政権の対策は、「都市と農村が一体となった、新しいタイプの工業・農業・都市・農村関係を作り上げるようにする」(『決定』第6項)ことにある。その中心となるプロジェクトは都市化の推進であり、すでに雨後の竹の子のように全国各地で新たな都市が構想され、建設され始めている。中国全土の顔かたちを変えてしまうほどの壮大な実験がすでに始まっているのだ。そこに農村からの人口を吸収していく。

また、既存の大都市に農村人口が大挙して流入してくると管理不能となるので、そうならないような形での戸籍制度改革を進めることにした。基本は、「都市」を特大、大、中、小の四種類に分け、小都市への戸籍転入制限は全面的に撤廃し、中都市への制限は徐々に撤廃し、大都市への戸籍転入はある程度制限し、特大都市へは原則、転入させない、というものだ。

さらに都市に住む農村戸籍住民、つまり農民工の救済が決まった。都市の基本公共サービスを受けられるようにし、農村で参加した年金保険・医療保険を都市のものに接続させることにした。

現代化と言い近代化と言っても、実際は都市化である。先進諸国が長い年月をかけて歩んできた現代化の道を中国はさらに加速させて歩んでいる。その結果は伝統的な社会の崩壊であり、自然破壊であり、環境の悪化だ。それが全中国で、これからもさらに大きな規模で行われるのだ。

そこに待ち受ける無限と言ってもいい多くの課題や挑戦のことを考えると気持ちはひるむ。だが他に三農問題解決のうまい手もない。そこを突き抜けるしか中国共産党の未来はないのだ。

「民主」の問題は絶対に避けられない

このように習近平改革の成功へのハードルは相当に高い。ところが、たとえそれが成功しても、さらに解決が必要な根本的問題が待ち受けている。

何度も指摘してきたように、豊かになり、多様で多元化する社会、その中で自己主張を強める国民に共産党はうまく対応できていない。情報化社会が実現されたことにより、国民の知識と情報は急増し、意見もたくさんあるのに、自己主張する方法が見いだせていないのだ。

つまり最後は、国民の意見を吸い上げ、それを政策に移し、実施をして国民の要望に応えるという「民主」の問題に行き着く。このようにして共産党が意識的に避けてきた政治改革の問題が、再び登場してくるのである。

共産党は、76年の文化大革命終了後ずっと「民主」の問題に直面してきた。89年の天安門事件を経て91年末にソ連が崩壊すると、中国共産党はなおさら社会主義のイデオロギーにこだわるようになった。それが鄧小平率いる共産党の総括でもあった。

そして西洋的な民主主義はとらないことを明言するようになった。つまり多党制と普通選挙という形の民主主義ではなく、中国の特色を持つ「民主」をやることにしたのだ。それが「〝中国の特色ある〟社会主義」であり、「共産党の指導」なのだ。これは、ある意味で中国政治の「伝統」に戻ることでもあった。

中国近代史の権威である慶応大学名誉教授の山田辰雄は、95年末の講演において、中国の近代政治の特徴のひとつを、「政党間対立の非妥協的構造」という言葉で表している。それは「政治的対立を解決するための制度的枠組みが欠如」していることに由来する。

近代中国では、政党は常に軍隊を持ち、外国の侵略に対抗するために強力な中央集権の仕組みを必要とした。その結果、多党制のもと、選挙で政権党が代わる仕組みはとれず、一党支配の仕組みしか作れなかったというのだ。

しかし、このことは中国共産党に大きな課題を突き付けている。それは江沢民の時代に共産党が〝みんなの党〟になってしまったからだ。複雑な社会の複雑な利益配分と問題解決の優先順位づけを、党が調整しなければならなくなった。しかし、どんなに上手く調整しても必ず不満は残る。

多党制であれば、一つの政党は一定の価値観や利益を代表し、選挙で勝てば政権を担当し、それらを実現しようとする。それに不満を持つ人が多くなれば、その政党は選挙に負け、別の価値観や利益を代表する政党がそれに代わる。このようなやり方で多党制は上手に社会の利益を調整している。これに代わる効果的な利益配分の方法を共産党はまだ見つけだせていない。

山田辰雄が強調する中国近代政治のもう一つの特徴が「代行主義」だ。つまり「エリート集団が人民に代わって改革の目標を設定し、人民に政治意識を植えつけて、改革の目標を実現するために人員を動員する。しかし、人民が自発的に政治に参加する制度的な保証がそこには欠けている」のだ。まさに「共産党の指導」そのものではないか。

13年秋の三中全会の『決定』においても、「人民は改革の主体であり、党の大衆路線を堅持し、社会が参画できるシステムをつくりだし、人民大衆の積極性、主体性及び創造性を十分に発揮させなければならない」と謳っている。しかし、それらは再び「共産党の指導の下で」行われるのだ。

考えてみれば孔子も立派な政治指導者による立派な政治を実現しようとした。政治指導者が徳を身につけ、その徳の力で政治をする王道政治がそれだ。中国大陸ではなかなか実現しなかったが、シンガポールでリークアンユーがその亜流を実現した。こちらは「徳」の力ではなく、「法の厳格な運用と収入の増大」の力によって、だった。しかし上からの指導は、中国の伝統のような気がする。

ところが中国の現場では、国民の教育レベルが高まり、外国を経験するものが増え、インターネットをはじめとする情報伝達手段が発達すると、国民は自己主張を始める。もはや「英邁な指導者と無知な大衆」の関係ではないのだ。

中国共産党が進めようとしている改革は、この国民の強まる自己主張を正面から受け止めることができていない。むしろ怒りや不満を発出する空間を狭め、そこの管理を強化することに躍起となっている。その結果、自分たちの〝声〟を社会に発出する手段を与えられない国民の不満はますます高まることになるのだ。

共産党も、国民の意見を吸い上げて不満を吸収しようとはしている。『改革の全面的深化に関する決定』において、とくに「社会統治体制の創新」という項目を設けたことにも、そのことは表れている。方向は間違っていない。だが、再び共産党が指導し管理できる範囲内で対応しようとするところに、大きな限界がある。今の中国社会を党や政府が細かく指導し管理することは不可能だ。そうしようとすればするほど国民は嫌がり、逃げ道を探す。〝イタチごっこ〟になってしまうのだ。

この問題は、果たして現代化された複雑で高度な社会に「党の指導」原則を当てはめることができるかどうかという、根本的な問題にたどりつく。この問題を解決するには、これまでとは全く違う新しい形の「党の指導」を考え出すか、あるいは中国共産党の一党支配を止め普通の民主主義を始めるしかない。彼らに残されているのは、これらの選択肢しかないような気がする。

第7章　習近平は中国をどこに向かわせようとしているのか

習近平との会食

習近平は、早くから注目されていた政治家ではない。07年に平の中央委員から二階級特進で政治局常務委員となり中央に戻ったが、82年に北京を離れてから25年も経っていた。しかも中央には3年弱しかいたことはない。08年国家副主席に就任し、10年に中央軍事委員会副主席に就任した。この5年間、特に目立った動きはしていない。

だが12年に総書記に就任するや、わずか2年の間に習近平の権威は増し、権力は彼に集中し始めている。これまで学んできたように、時代がそれを求めている面は確かにある。だがそこまでやれる習近平とは、果たしてどういう人物なのであろうか。

私自身、07年に三度、習近平と会食をする機会を得た。その当時、習近平が共産党のナンバーワンになるとは、多くの人は予想していなかった。

07年1月、日中間の貴重な対話の場であった日中戦略対話（日本側代表・谷内正太郎外務省事務次官、中国側代表・戴秉国外交部常務副部長）が、浙江省杭州で開かれた。当時浙江省党委員会書記であった習近平は、われわれ一行のために夕食会を開いてくれた。

そのとき、習書記が静岡県との友好姉妹県・省25周年記念行事に出席するため訪日するという話が出た。私が、「訪日前に歓送会を開くのが日本の礼儀なので、日本大使公邸にお呼びしたい」と言うと、習書記は「北京で開かれる全国人民代表大会と政治協商会議全国大会の際に、日本大使から毎年招待を受けているので、今年は行きます」ということになった。その言葉通り、3月上旬にそれが実現し、公邸に来ていただいた。

ところが、静岡行については3月の半ばごろ、浙江省政府から「中央の命令で習書記は外国に出掛けることができなくなった。書記の代わりに副省長が記念行事に出席します」という連絡があった。何が起こったのかなといぶかっていると、同月下旬、例の陳良宇の後任として、習近平が上海市党委員会書記になるという発表があった。

私は当時、中国に大使として赴任してから、まだ上海市を公式訪問したことはなかった。習書記が上海に行ったのなら早めに会うべきだと考え、07年7月、上海を訪れた。

習書記は、私と会見するだけではなく会食の機会も設けてくれた。

同年10月、第17回党大会において習近平は、胡錦濤の後継者としての地位に躍り出た。国家副主席として初めて日本の代表団と会見した際には、私のことを「最も多くの回数、食事を共にした外国の大使です」と紹介してくれた。

09年12月14日から17日、習近平は国家副主席として日本を公式訪問した。私は首席接伴員として、その全行程に同行した。また習近平と日本代表団との会見にその後、何度も同席した。

習近平は決して饒舌な人ではない。むしろ人の意見を聞く方だ。それに胆力を感じる。私の習近平に対する印象は「中国流の大人《たいじん》だな」というものだ。少なくとも江沢民や胡錦濤よりは、その感じを強く持った。

もちろん中国共産党という巨大な組織の中で、選ばれてトップに立つような人物は、当然一流だ。単に能力があるだけではなく、組織をたばねる力量が要求される。江沢民や胡錦濤も、そういう意味では一流なのだが、組織をたばねる度量や胆力の面で、習近平にはより大きなものを感じる。長い間日本の政治家とお付き合いさせてもらったが、そこで学んだ〝政治家の力量〟と呼ばれるようなものを習近平には感じるのだ。

その習近平が、総書記就任2年で、〝政策〟と〝力技〟の両面において独自色を出している。そこには単なる戦術論だけではない、強い使命感が感じられる。

スジを通し続けた父・習仲勲

すでに述べたように、習近平が9歳のときに父親が失脚し、それが25歳の時まで続いた。〝川に落ちた犬には石を投げろ〟と言うのが中国だ。〝太子党〟と言う言葉とは裏腹に、習は厳しい青少年時代を過ごしてきた。

78年春に父親が復権をし、短い間の〝親の七光り〟で良いポストを与えられた。耿飈という大物軍人の秘書となることができたのだ。耿飈は、このとき中央軍事委員会という軍をたばねる重要な組織の秘書長という要職にあった。

薄熙来のように出世欲が強ければ、そのまま中央にとどまる道を選んでいただろう。だが、習近平は出世の早道である中央での仕事よりも地方勤務を選んだ。82年に河北省に赴任してから07年に中央に呼び戻されるまでの25年間、福建省、浙江省、上海市と、ずっと地方にとどまった。

この間、父親の習仲勲は復権後も政治の波風を受け続けた。すでに触れたように広東省での任務を見事に果たしたのち、81年には権力の中枢である中央書記処の書記となり、82年には政治局委員に選出。党中央にあって、胡耀邦と趙紫陽を支え続けたのだ。

しかし86年末から87年初めにかけて全国で学生運動が起こった際、それに好意的に対応したとして、胡耀邦総書記は失脚した。習仲勲はその胡耀邦を正面から擁護し、鄧小平と長老たちの不興を買った。87年の第13回党大会では政治局委員に再選されず、88年には全国人民代表大会の常務副委員長という「上がりポスト」に就かされた。そして89年の天安門事件の際には、確証はないが、市民や学生に対する強圧的な抑圧に反対して失脚した趙紫陽を支持したと言われる。

再び〝負け犬〟を支えたのだ。この意味で、上手に立ち回ることのできない信念の人であった。しかし、こういう〝筋を曲げない〟習仲勲に対する党内の評価は高い。

中央にいる父親の身に起こったことを見ていて、習近平は中央に戻ることはせず、地方にとどまり続けたのかもしれない。そこまでして出世する気もなかった。そして07年に総書記含みで中央に戻るとき、彼にははっきりとした意志があったはずだ。それは出世ではなく、父親と同じように国のために尽くし歴史に名前を残す、ということではなかっただろうか。

私自身、日本の安倍晋三、福田康夫、麻生太郎といった〝太子党〟指導者に仕えて感じたのは、彼らにとり、地位を得ることが全てではないということだ。地位に就くこと自体は肉親の誰かがすでに達成しているので、それよりもその地位について何をするかがより大事なのだ。歴史および自分の使命に対する責任感には、やはり強いものがある。

01年、福建省長をしていた48歳の習近平は、父親の88歳の誕生祝いに出席できず、父親に手紙を書いている。その中で、父親の「人となりに学び、成し遂げたことに学び、信じることをあくまで追求する精神に学び、民を愛する気持ちに学び、質素な生活に学ぶこと」を誓っている。この手紙は、13年にその生誕百周年を記念して出版された『習仲勲伝』という本の中に全文掲載されている。習近平の国民への約束と見ても良い。そして習仲勲は子供たちに「自分は何の財産も富も残さなかったが、立派な名声だけは残した」と語っていたという（同書）。

このように習近平は、中国と中国共産党のために為すべきことを成し遂げる決意を固めているように見受けられる。しかし政治の世界は結果が全てだ。いくら志が高くとも、結果が出なかったり、間違っていたりすれば、それは政治的には失敗だ。

そして、習近平が成功する保証は何もない。ただ、失敗すれば中国共産党の統治そのものに、暗雲が垂れ込めることだけははっきりしている。

2020年までに結果を出す

習近平が引き継いだ中国の現状をもう一度整理してみよう。

奇跡とも言われる長期高度成長が、中国を根本的に変えてしまった。中国のかかえている問題は、多岐にわたりいずれも深刻である。しかも与えられた時間は10ないし15年しかない。

「改革」を徹底的にやらないと「発展」も「安定」もない。これまで先送りされてきた諸課題を解決するために、習近平は勝負をかけるしかなく、実際に勝負をかけたということだ。この挑戦に対する回答が、すでに何度も触れた『改革の全面的深化に関する決定』である。

その直後、習近平自らこの『決定』の『解説』を行っている。ふつう党のナンバーワンは、なかなか自分で解説はしない。よく人民日報評論員とかペンネームを使って誰かに書かせている。たとえば人民日報によく出てくる任仲平というペンネームは、中国語では任と人、仲と重、平と評とは同じ発音なので「〝人〟民日報〝重〟要〝評〟論」のことになる。

だが習近平は人に任せずに自分でやった。今回は私が決めた。私の考えはこうだ。だからその通りにやってくれ。むろん責任は私が取る。逃げ隠れはしない。こういうことを伝えるためであり、その姿勢を表明したかったのであろう。

『決定』では15の改革項目を掲げている（注1・項目は章末）。経済、社会、文化、党、政府、立法、司法、軍隊など、正に広い範囲にわたる膨大な作業である。「これだけたくさん並べたててもやれるはずはないではないか」などと言う批判を耳にする。しかし私は、これだけのものを準備できた共産党の力は並大抵のものではないと改めてその実力を認識した。日本の現場で、計画の段階であってもどれくらい改革をやれるか想像してみたらいい。おまけにこの決定では、「２０２０年までに重要な領域および鍵となる部門の改革において決定的な成果を得る」という具体的な時間表も定めているのだ。

日本の大学では50点では落第だ。だが、これらの改革が20年までに50%でも実現すれば、そのときわれわれは中国がさらに大きく変わったと感じるであろう。50%とはそういう数字だ。しかも彼らは、20年の時点で事態を総括し、どう進むべきかを考え、さらなる対策を講じることだろう。これまで中国は、日本以上のスピードで自分を変え続けてきていることを忘れるべきではない。

「共産党の指導」という限界

もちろん、今回の改革にも限界はある。この『決定』を読んでいて強く感じるのは、現時点における共産党の発想は、すべてが「共産党の指導」の下で「〝中国の特色ある〟社会主義」を建設することへの、強いこだわりと意思だ。これが彼らの考え方の基本的な枠組みであり、当然、限界でもある。習近平の時代になって、このことがさらに鮮明になった気がする。

『決定』は、「新たな歴史の出発点において、改革を全面的に深化し、中国の特色ある社会主義の道に対する自信、理論に対する自信、制度に対する自信を絶えず強めなければならない」と訴える。共産党は、本気で中国において「社会主義」を実現しようとしている。中国の実情が、われわれの想定する社会主義といかに隔たっていても、彼らは社会主義への道を歩んでいると考えている。それでも時には現状との落差に自信も揺らぐ。だから「自信を強めなければならない」。それはもはや信仰に近い。

毛沢東は、経済が発展していない段階でも社会主義は実現できるとし、やってみたが失敗した。やはり豊かになって初めて真の平等に近づける。社会主義を実現するためには、先ず生産力を高めなければならない。そうであるならば、生産力を充実させる段階を、社会主義の〝初級段階〟と名付ければ良い。これが鄧小平の考え出した社会主義初級段階論であり、「発展」が最重要課題となった。そこで「白猫でも黒猫でもネズミをとればよい」という発想で、経済発展を可能にするものは何でも取り入れることにした。

公有制を主体としながら市場の役割を重視するということも、そういうことだ。中国経済における「市場」は「〝中国の特色ある〟社会主義」を実現するための単なる手段に過ぎない。目的は、あくまでも生産力の発展にあり、「市場」は資源の配分にとっては最も効率的だから使うだけだ。しかし結果として、中国経済において市場経済の要素がますます強まり、表面的には似てくる。だが彼らには、われわれと同じ市場経済をやる気はない。

明治以来、日本は西洋のようになろうと思って努力してきた。アジア的なものは、古いもの、遅れたものとして放棄された。新しいもの、進んだものとして西洋文明を受け入れ、必死になって西洋に追いつこうとした。福沢諭吉の「脱亜入欧」という言葉が、そのことを見事に示している。

ところが中国は、それとはまったく異なる道を歩もうとしている。確かに中国の追求する「社会主義」は、マルクス主義を出発点としており西洋文明の内にある。しかし中国共産党は、「〝中国の特色ある〟社会主義」を追求することにした。つまり物まねではなく、中国独自のものを追求しているのだ。

役に立つものは借用させていただくというのが彼らの理屈だが、借用しているうちにそれが本物になることはありうる。ここに中国共産党のかじ取りの難しさがある。それは「〝中国の特色ある〟社会主義」とは何かについて、彼らの考えがきっちりと整理されていないことの代価でもある。

習近平の仕事のやり方

習近平の仕事のやり方には、一つの特徴がある。メリハリが利いているということだ。胡錦濤はといえば、彼の性格を反映してか、大事なことは文書の中にすべて書いてあるし、やらなければならないこともすべて書いてある。これは優等生的で安全なのだが、それでは物事は前に動かない。本気で動かそうとすれば、まず組織のやる気を引き出し、物事にプライオリティをつけ、結果を出すための組織づくりをし、その組織をどう動かすかが鍵になる。この面では、はっきりと習近平色が出はじめた。

党が今のままの意識と体制でこの大改革を乗り切ろうとすれば、とてもではないが成功はおぼつかない。それほど、この改革の難度は高いのだ。ものの考え方を変え、既得権益の垣根を打ち壊しながら進んでもらわなければならない。そこで「強い歴史的使命感を持ち、……硬い骨にもかぶりつき、危険な水にも飛び込む」覚悟を持つべし、という叱咤激励となる。党員の強い自覚を求めているのだ。

習近平は、全体を組織立って進めようとしている。「戦略的な重点、優先順位、重点的な方向、仕事の仕組み、仕事の進め方と時間表、ロードマップ」を決めて動かすと言っている。これらのことが、ものごとを実際に動かし、結果をだす上でいかに大事であるかは、組織に身を置いたことのある者であればすぐに分かる。

そして、この時間表に従い改革の任務を決め、2020年までに重要な領域および鍵となる部門の改革において決定的な成果を得るようにすることを明言している。こういう風に習近平は、ある意味で自分を追い込んでいる。曖昧にしておけば後で責任を問われることはないのに、あえてそこをはっきりさせて退路を断っているのである。14年8月、「重要改革措置実施計画（2014－2020）」を実際に決定した。

重点を定め、担当の組織を決め、時間表を作ったとしても、結果を出せるとは限らない。人事などの「アメ」と「ムチ」を使えば一応の結果は出せるにしても、時間がかかるし効率も落ちる。多くの重大改革を20年までに実現しようとしているのに、それでは間に合わない。だからものごとを動かし、成果を出す仕組みをつくらなければならない。そのカナメにあるのが、すでに述べた「改革深化指導小組」という組織である。

この組織は、改革の全体的な設計を行い、全体の企画立案と調整を行い、全体を推し進め、実施を監督する責任を負わされている。そして中央各部門と地方の党組織にも、それぞれ改革深化指導小組をつくらせており、ここを直接、指揮監督できる。そして関係する重要人物はすべて参加している。この組織が、いかに重要かつ強力であるかが分かってもらえるであろう。

習近平指導部の持つ危機感と「二つの百年」

習近平が「社会主義」にこだわり、「共産党の指導」にこだわるのは、鄧小平に言われたからだけではない。中国が中心を失い分散していくことへの強い危機意識があるからである。

習近平は、『解説』の中で鄧小平が92年の最後の講話（いわゆる『南巡講話』）において「社会主義を堅持せず、改革開放を行わず、経済を発展させず、人民の生活を改善させないならば、（共産党は）死への道があるのみ」と述べたことに触れている。

共産党は、すでに国民に対する公約として「二つの百年」の宏大な目標を確定している。「一つの百年」は、中国共産党建党百年の2021年に、「全面的な〝小康社会〟」を建設することだ。「もう一つの百年」が、建国百年の2049年に、「豊かで強い、民主的で、文明的で、調和のとれた〝社会主義現代国家〟」をつくりあげることだ。

最初の「百年」は、鄧小平が〝小康社会〟と考えていたもの、つまり「衣食が足りる状態は超えるが、十分に豊かな状態（富裕）にまでは至らない社会」を実現しようとするものだ。この概念は、その後、徐々に進化を遂げた（注2・章末）。そして中国指導部は、2021年に「全面的小康社会」を実現し、2010年と比べGDPと国民一人当たりの収入を倍増することを公約したのだ。

二つ目の「百年」は、その中身がまだしっかりと定まってはいない。習近平の唱える「中国の夢」もこの流れの中にある。しかし〝社会主義現代国家〟をつくるのであり、名実ともに先進国の仲間入りをしたいということであろう。この「二つの百年」の奮闘目標なるものは、97年の江沢民時代の第15回党大会の報告に登場し、その後胡錦濤がことあるごとに言い続けてきたものだ。

これらの課題は決して楽な目標ではない。しかし彼らの「二つの百年」に対するコミットメントは相当に強い。共産党は、それを実現するために存在するのであり、そのために〝党の指導〟を続ける。同時に〝統治の正当性〟に対する彼らなりの回答といえる。したがって何がなんでもやり遂げるしかないのだ。

「中国がまたオオボラを吹いている」と批判してもかまわない。だが97年にこの「二つの百年」を言い出してから、少なくとも最初の「百年」については、スケジュールを前倒しで実現している。

習近平は、実践を通じて発展することを強調している。いろんなことを試し、成果が出ればそれを取り入れながら前進するのが彼らの手法である。したがって、現在彼らがやっていることは今後もずっと変わらないと想定すると、判断を間違う。結果が出なければ変えてくるからだ。だから党員に柔軟な考え方を要求し、「思想の解放」を続け、永遠に改革と開放を続けていくことを誓っているのだ。

「中国の夢」とは何か

12年11月、習近平は「すべての人は、みな理想や追求すべき目標を持っており、みな自らの夢を持っている」と語った。「中華民族の偉大な復興を実現することこそが、中華民族が近代以来抱き続けてきた最も偉大な夢である」とも述べた。「中国の夢」の登場である。

習近平自身、さまざまな「夢」を語っている。たとえば、

・「二つの百年」の目標の達成が、「中華民族の偉大な復興の夢」の実現であるし、その夢は「強国の夢」であり、「強軍」の夢である。

・「宇宙旅行の夢」は「強国の夢」の重要な構成要素であるし、「エコ文明の新しい時代に向かって邁進し、美しい中国の建設に取り組むこと」は、中華民族の偉大な復興の実現という「中国の夢」の重要な内容である。

といった具合だ。

みんなの語る夢があまりに拡散してきたのだろう。13年10月、「中国の夢とは国の未来の姿を生き生きと描きだしたものであり、最大公約数であり、……その基軸は中華民族の偉大な復興であり、……中華民族の復興というテーマから逸脱してはならない」と

いう指示を出した。そして最近は「中華民族の偉大な復興」は、どうやら「国家の富強、民族の興隆、人民の幸福の実現」に集約されたようだ。

習近平の父親の世代は、まさに中華民族の復興のために身命を賭して戦い、習近平の世代は中国の経済発展のために全力を尽くし、大きな成功を収めた。世界第二位の経済大国となり、一位のアメリカとの距離は急速に縮まっている。軍事力も確実にアメリカに追いついている。ついに父祖の世代が恋い焦がれた「中華民族の偉大な復興」が現実に自分たちの視野に入ってきたのだ。父祖が追い求めてきたもの、それが「中国の夢」であるはずだ。間違っているはずはない。これが習近平の判断であろう。だが問題は「中国の夢」の中身だ。

中国の現状はどうか。「大国の夢」を追い求めてきた結果が、社会の格差の拡大であり、社会の安心と安全の劣化であり、コミュニティの崩壊であり、価値観の霧消である。暗然とした気持ちにならざるを得ない。そこで「中国の夢」に、「国家の富強」および「民族の興隆」とならんで「人民の幸福の実現」をくわえた。

習近平の語りは、ここで終わる。「〝中国の特色ある〟社会主義」と言いながら、これから経済発展を続けていけば、どういう社会が待っているのかについて具体的に語ることはない。マルクスは、労働者に対する搾取のない社会をつくれば、そこに正義と平等が実現できると語った。この思想を最初に国家レベルで実行したソ連は、経済に躓き崩壊した。国民社会の正義も平等も全く実現できなかった。毛沢東は、早すぎる社会主義社会の実現の試みではあったが、自給自足の〝桃源郷〟をつくろうとした。だがここでも人々の幸せは全く考慮されることはなかった。そして数多の人命が失われた。

それでは「〝中国の特色ある〟社会主義」という言葉で共産党は何を実現しようとしているのであろうか。習近平は、少しずつ語り始めたように見受けられる。だがまだ体系化されるには至っていない。江沢民は「三つの代表」論を、胡錦濤は「科学的発展観」を打ち出し、共産党の指導的理論としてそれぞれ党綱領に書き込まれた。習近平は、これから「中国の夢」をベースに新たな理論構築に進むであろう。しかし現時点での結論は、それが何かと論じるにはあまりに漠としすぎており、彼らは思想の形成過程にあるとしか言えない。

14年12月、習近平は「四つの全面」ということを言い出した。四つの全面的な戦略的配置ということであり、①小康社会建設の全面的達成、②改革の全面的深化、③全面的な法治、④全面的な厳格な党のガバナンス、がそれだ。一部でこれが習近平の新理論だととびつく向きもあるが、時期尚早だろう。

だが、共産党を立て直し、「中国の夢」、つまり「中華民族の偉大な復興」、「国家の富強、民族の興隆、人民の幸福の実現」への歩みを進めるだけで、はたして13億の民を引っ張っていけるであろうか。私は、最初の二つ、つまり国家の富強と民族の興隆だけで国民を引っ張っていくことはもうできないと思っている。現代社会で国民の支持を得るためには、人民の幸福の実現がますます重要となっている。そのためには公平と正義が実現されていると国民が感じる社会をつくらないといけない。

つまり自分たちのために存在する国家だと彼らが感じない限り、いかなるスローガンも国民を引っ張っていく力はないのだ。それに社会に公平と正義が実現していないような国に国民として誇りを持てるであろうか。

中国の現実に対する国民の目線は厳しい。中国のネットに「軍人とは国のために命を捨てることを約束している人たちのはずだが、腐敗して国からお金や物を盗んでいる軍人に、どうして命を捨てる覚悟を期待できようか」というものがあった。

中国では国家は党や政府が代表している。その党と政府が腐敗しているのでは、国民はなかなか国家と一体化できない。個々の国民の夢と国家の夢とが一体化しないのだ。

「中国の夢」に関しても、そういう根源的な問題を共産党とその指導部は抱えているのである。

曲がり角に立つ中国共産党の統治

このように大きな転換期にある社会に直面して、共産党の統治に対する挑戦も並大抵のものではない。その挑戦に習近平政権は「改革の全面的深化」と「中国の夢」で対応しようとしている。成功は決して容易ではない。だが、たとえ相当の成功を収めたとしても、その次の新たな挑戦がすでに姿を現している。その最大のものが、「中国の夢」で少しふれたように、彼らの〝ものの考え方〟そのものが厳しく問われていることにある。

まず政権党として現実に中国という国と社会を管理し、運営していくうえでの〝ものの考え方〟がある。12年11月の第18回党大会において基本方針が示され、13年11月の三中全会『決定』によってさらに具体的に示された〝ものの考え方〟でもある。

つまり中国の現状は多くの問題をかかえているが、それでも「〝中国の特色ある〟社会主義」と「共産党の指導」という枠組みを堅持しながら、あらゆる分野の「改革」を徹底することができさえすれば、経済の持続的な成長は可能だし、社会も持続的に安定させることができるという〝ものの考え方〟だ。

この〝ものの考え方〟である程度はこなせる。だがその先にさらなる〝ものの考え方〟の突破が来ないと、中国国内の統治も難しくなるし、世界は「中国問題」に悩み続けることになるであろう。

中国の社会をさらに安定させ、国際社会において責任ある大国として振る舞うことを可能とする〝ものの考え方〟とは何なのか。それは、多様化する国民の関心と利益を吸い上げ、政策として実行できる〝ものの考え方〟だ。それはまた、共産党の権力を有効に制約することのできる〝ものの考え方〟でもある。これができなければ腐敗は続く。

これらは二つとも、政治改革に直結し、共産党の一党支配に直接関係する問題でもある。古くて新しい問題に再び逢着するのである。そして鄧小平理論を突破できるかどうかという大問題なのだ。

〝ものの考え方〟のさらなる突破の必要は、中国と世界との関係にまで及ぶ。真の世界大国として再登場した中国が、どういう世界観を持ち世界と付き合うのか。国内がうまくいかなければ、中国は対外強硬姿勢に傾く。中国にとっての挑戦は、同時に国際社会にとっての挑戦でもあるのだ。

それだけではない。その上に社会や個人の価値観の問題があるのだ。中国社会の今日かかえる問題は、政治や経済だけで対応できるものではない。宗教や倫理といった社会や個人の価値観が漂っていることからくる不安定さをかかえているのだ。

これは中華世界が異質の西洋文明と衝突し、大きな衝撃を受け動揺したことに起因する。それからまだ立ち直ってはいないのだ。中国もまた、〝自分を取り戻す〟ために悪戦苦闘中なのだ。

当面、習近平は「改革の全面的深化」を貫徹することに全力を傾注するであろう。それをやり遂げても、今度はもっと重大な問題が待ち受けている。2022年までの習近平の時代は、実に多難な、大変革の時代なのである。

注1

①基本経済制度の堅持と完成（堅持しながらその完成を目指す）
②現代的市場体系の完成の加速
③政府機能の転換の加速

④財政と税制の改革深化
⑤都市と農村の発展を一体化させる体制と仕組みの健全化
⑥開放型経済を進める新体制の構築
⑦社会主義民主政治制度の建設の強化
⑧中国の法治化の推進
⑨権力の運用に対する制約と監督システムの強化
⑩文化体制メカニズムの創新の推進
⑪社会事業改革の創新の推進
⑫社会統治体制の創新
⑬エコ文明制度の建設の加速
⑭国防および軍隊改革の深化
⑮改革の全面的深化に対する党の指導の強化と改善

注2

2008年には6つのカテゴリー（①経済発展、②社会の調和、③生活の質、④民主と法制、⑤文化と教育、⑥資源と環境）と23の計測指標が決められ、統計的に小康社会の達成度がはかられるようになった。その数値が60になると「小康社会」であり、１００になると「全面的小康社会」となる。理科系出身者が多かった胡錦濤時代らしいやり方だが、２０１０年には達成度は80・1となり、２０００年より20・5高まった。

第8章　「軍拡」を必要以上に恐れるな

「軍事大国で当然」と考える中国人

習近平の唱える「中国の夢」にでてくる「国家の富強」という言葉は、鄧小平の時代からある言葉で、別に習近平の専売特許ではない。明治日本のスローガンも「富国強兵」であったことが思い出される。

山田辰雄は、20世紀中国には一貫して存在していた国民的なアイデンティティがあると言う。一つは強い中国をつくりだす、つまり「富強」。もう一つが中国の伝統的アイデンティティ、つまり中国を中心とする世界秩序なるものを取り戻したいということだ。

私は長い間、中国人と付き合ってきて、とにかく中国は強くなければならず、大国にふさわしい軍事力を持つべきだと多くの人が自然に考えていることに気付いた。それは、近代中国の屈辱の歴史が、彼らの心にトラウマとして残っていることの証しでもある。

「中国の夢」の中に「強軍の夢」が含まれている。現に習近平もそう発言している（12年12月広州軍区を視察した際の談話）。これまで中国は、長い間、強大な軍事力を持つことはできなかった。持ちたくても持てなかったのだ。それを可能とする経済力がなかったからだ。

だから毛沢東は侵略者を内陸に引き込み、人民の海の中でおぼれさせる「人民戦争論」を打ちだした。そして米ソの核兵器は「張子の虎」だとも言い放った。しかし、すべてを犠牲にしてでも核兵器の開発に突き進んだのも毛沢東であった。少量を保有するだけでも超大国に対抗できる核兵器の持つ意味を正確に理解していたからである。

鄧小平は軍隊の建設を含む国家の建設は、経済力、さらにはそれを支える科学技術の力がないと不可能なことはよく分かっていた。だからあらゆるものの基礎である経済の発展を最も重視した。そして軍事戦略をより合理的なものとし、80年代に兵員の数も大幅に減らし、国防予算も減らした。当時の政策のプライオリティが圧倒的に経済発展にあったからだ。

だが90年以降、中国の国防費は大幅に増額されていった。90年に290億元であった国防予算は、00年には1205億元へ、そして10年には5190億元へと急増している

（ＩＩＳＳミリタリー・バランス）。ただストックホルム国際平和研究所の推計によれば、ＧＤＰに対する国防費（国防予算＋他項目に含まれている軍事関係費）の比率に大きな変化は見られない。90年に対ＧＤＰ比２・５％であったものが、00年は１・９％、10年は２・１％とほぼ２％の線を維持している。

つまり中国経済の急速な成長が、国防費を増大させ、軍の近代化を推進することを可能としていたのである。10年のアメリカの国防費の対ＧＤＰ比が４・８％であり、インドのそれが２・７％であったことを考えると、中国には数字的な余裕さえ感じられる。ちなみに日本はほぼコンスタントに対ＧＤＰ比１％を維持している。

ついに中国は、強大な軍事力を作り上げることのできる経済力を手にしたのだ。

「外に出る軍隊」となった人民解放軍

経済の発展に支えられて中国の国防費は増え続け、予算ベースでは07年に、国防費ベースでは04年に日本を追い越し、アメリカに次ぐ世界第二位の国防費を誇っている。それでもまだアメリカの４分の１に過ぎない。

国防費の額に加え、アメリカのこれまでの長期にわたる蓄積や技術開発力を考えると、中国の軍事的な実力はアメリカにはるかに及ばない。だが着実に増強はされており、アメリカのアジア太平洋戦略にも大きな影響を及ぼし始めている。それは人民解放軍の次の二つの変化によってもたらされた。

一つは、中国の対台湾軍事戦略の中身が変化したことによる。中国の侵攻を阻止できるいかなるシナリオも台湾側に持たせないというのが、人民解放軍の一貫した基本戦略であった。そういうシナリオを一つでも持つと台湾が独立しかねないことを恐れたのだ。この台湾独立阻止の基本戦略は不変だが、中身が変わった。第三次台湾海峡危機（95〜96年）が、それに大きな影響を与えたことは間違いない。台湾の李登輝総統の対中政策に不満だった中国は、96年の台湾の総統選挙に圧力を加える目的で、人民解放軍による台湾海峡でのミサイル発射訓練を実施した。さらに台湾海峡南部で海空の軍事演習を行った。これに対しアメリカは、台湾付近に空母インディペンデンスを含む第7艦隊を派遣した。そして台湾海峡をこれ見よがしに通過した。いざとなれば台湾を守るぞ、という明確な意思表示であった。

中国側はこれ以降、現実問題として、台湾解放シナリオに米軍の関与を想定せざるを得なくなった。つまり、いかなる状況でも必ず台湾を解放できるようにするためには、米軍の台湾への接近を許さないようにしなければならなくなったのである。

これが中国による接近阻止（A2=anti-access）戦略と領域拒否（AD=area-denial）作戦と呼ばれるものである。09年のアメリカ国防総省報告に初めて登場したもので、中国側の動きをアメリカがそういうものとして明確に認識し、定義したということでもある。米軍を台湾に近づけないということは、米軍の西太平洋、とりわけ東シナ海や南シナ海の作戦に大きな影響を与える。当然、日本も影響を受ける。

そして人民解放軍のもう一つの変化は、人民解放軍の任務の拡大であった。

04年に胡錦濤は「新しい歴史的使命」（「新世紀の新段階における軍隊の歴史的使命」）を提起し、次の4点を人民解放軍の任務の柱とした。

①共産党の統治を強固なものとするための重要な力による保証を提供。

②国家の発展の戦略的好機を確保するための強固な安全保障を提供。

③国家利益の擁護のために有力な戦略的支柱を提供。

④世界の平和を擁護し、共同発展を促進するために重要な役割を果たすこと。

中国の国内政治の観点からは、軍が①の党の統治を支える任務を明記されたことは、はなはだ重要な意味を持つ。人民解放軍が国家の軍隊ではなく、共産党の軍隊であることが確定したからだ。普通の国は、憲法を基礎にして軍隊は国家に所属し、政府の管轄下に入る。そして国民から直接、もしくは間接に選ばれた行政府の長が、最高司令官となる。ところが中国では、憲法の上に存在する党に直属する組織にしたということだ。

安全保障の面からは②と③が重要になる。これまでの主権や領土の保全及び海洋権益の確保に加え、もっと広い概念である「発展の利益」の確保がつけ加えられたのだ。中国経済が世界的に展開するようになると、「発展の利益」もどんどん広がり地球的なものとなる。人民解放軍は間違いなく「外に出る軍隊」となったのである。

西太平洋では存在感をアップ

中国は、ソ連の崩壊からいくつかの教訓を引き出している。一つはソ連がアフガニスタンの泥沼にはまったように、外国に領土を持つことで得られるプラスはないということであり、もう一つは社会主義と共産党の指導を捨ててはいけないということである。そして最後に、アメリカとの正面からの軍拡競争は、してはいけないことである。

経済力に大きな差があるときに、そのような愚かな正面作戦は取らないというのが中国の考え方だ。逆に言うと、正面作戦にならなければ軍拡を続けてもいいわけで、実際、経済の急速な発展によって、中国の軍事力増大のスピードは加速している。日本の防衛白書やアメリカ国防総省の「中国の軍事力に関する年次報告」などを見ても、中国の軍事力が日本の防衛やアメリカのアジア太平洋戦略にとり大きな不安定要因になりつつあることが分かる。

中国は、江沢民時代から続く「情報化条件下の局地戦に勝利する」との軍事戦略を変えてはいない。それでも軍事能力が増強されれば、同じ戦略の下でも中身は変わってくる。たとえば東シナ海や南シナ海における自国の領有権の主張を既成事実化するための実力行使は、これらの地域における局地戦への即応態勢を整える努力と表裏一体にある。つまり、「戦う準備をしている」ということである。

台湾から米軍を遠ざける「接近阻止（A2）戦略と領域拒否（AD）作戦」についても、中国軍の能力向上とともに、米軍の西太平洋における軍事活動に制約をかけるものとなりつつある。それは、進化した通常弾頭の中距離弾道ミサイルや、対地、対艦長距離巡航ミサイルの配備、宇宙における軍事能力の向上、そしてサイバー攻撃能力の向上などによりもたらされている。

中国が外に出てくれれば、日米をはじめ関係諸国が、それに対する対抗措置を検討するのは自然なことである。それが、ここ数年アメリカにおいて議論されているAir-Sea Battleと呼ばれる作戦概念だ。この作戦は、長距離爆撃機と潜水艦を使って中国軍のミサイルシステムとレーダー網を破壊することを目的としている。

中国海軍はアジアで最強であり、空軍は世界第三位の力を持つ。総合的な軍事力はアメリカにまだ大きく及ばないが、西太平洋をとれば軍事バランスは中国に有利に傾いてきている。そしてこれまでの中国軍の増強の趨勢と昨今の力を背景とした自己主張の高まりを目にすれば、中国が軍事に傾斜した、アメリカに正面から対抗する政策に打って出る可能性が高まったと論じる意見が出てきても不自然ではない。

これは日本にとっても当然のことながら大きな関心事項である。「この軍隊は台湾解放のものです。日本とは関係ありません」と言われても、行き先は明日にも変えられる。重要なのは軍の投射（パワープロジェクション）能力そのものであって、それをどう使用するかという作戦の中身ではない。

そして12年、ついに尖閣をめぐって日中の軍事力が第二次大戦後初めて直接対峙するに至った。

共産党による人民解放軍支配の構造

そこで、この強大化した人民解放軍を、党中央は果たしてしっかりコントロールできているのか、という疑問が出てくる。相手艦船にミサイル誘導用レーダーを照射したり、スクランブルをかけた戦闘機が相手方偵察機に急接近したりするのを見ていると、党中央の意向が現場まで届いているのか疑わしくなる。実際、党中央は人民解放軍をコントロールできていないと結論する人もいる。

だが軍に対する党の優位と党が軍を管理する仕組みは、制度的に確立されている。それには歴史的背景もある。王朝時代、有力な将軍は皇帝にとって最大の脅威であった。有能な将軍になれば、単に軍事的な能力に恵まれているだけではなく、人間集団を心服させ、それを統率する人間力ももっているものだ。だから皇帝は将軍を恐れ、その力を制限し、厳しく監督した。戦争には必ず皇帝の側近を派遣し監視させ、すべてを報告させ、場合によっては側近に軍を指揮させた。側近が指導したそのような戦争は大体負けるのだが、それでも文官統治、すなわちシビリアンコントロールの伝統が中国にあることは間違いなく言える。ここは鎌倉幕府以来、武人優位で来た日本とは違う。

毛沢東も党の軍に対する指導は絶対に妥協しなかったし、鄧小平もそうだ。江沢民も胡錦濤も、この点は決して妥協してはいない。習近平も同じだ。

この基本的考え方は、人民解放軍の創設者である毛沢東が１９５４年に定めた《中国人民解放軍政治工作条例（草案）》の中に書いてある。党が軍隊に対し〝絶対的〟指導を行う根本制度をさだめたのだ。それが「軍隊内の党委員会は、部隊を統一的に指導する中心に位置し、その指導の下で首長分業制を行う」というものだ。

軍隊には、戦闘集団としての側面と、その戦闘集団の政治的存在という二つの側面がある。この両者を党委員会の統一指導の下で、軍と政治の責任者、つまり首長が分業して任務を遂行することにした。だから人民解放軍の中に、純粋に軍事に関係する指揮命令系統（軍令）とともに、それとは異なる政治関係の指揮命令系統（軍政）をもう一つ作り上げている。

具体的には、軍の中に軍令上の命令を執行する指揮官のほかに、同じランクの政治委員（政治将校）を配置する仕掛けとなっている。この政治委員に、軍に対する党の指導と監視をおこなわせるとともに、軍政全般を担当させる制度をとっている。そして軍令も軍政も各レベルの党委員会の指導を受け、最後は党の軍における最高組織である中央軍事委員会の指揮下に入るのである。

すでに述べたように、中国ではあらゆる組織に共産党の組織がある。当然、人民解放軍のなかにも共産党の組織があるが、その組織化ぶりは生半可ではない。まさに軍内にびっしりと張りめぐらされているのだ。

まず軍の末端の単位が分隊（「班」）であり、そこには必ず党員がいる。その上が小隊（「排」）であり、そこには「党小組」がある。そして中隊（「連」）に基層組織としての「党支部」がつくられ、大隊（「営」）に「基層委員会」がつくられることになっている。

連隊（「団」）およびそれ以上の部隊、すなわち旅団（「旅」）、師団（「師」）、「軍」（2個師団）、「副軍区」および「軍区」には、おなじみの「党委員会」がつくられている。さらに人民解放軍の中枢である総参謀部、総政治部、総後勤部及び総装備部にも「党委員会」が設置されている。

この「党委員会」こそが、軍に対する党の統一指導の中心であり、すべての組織、部門、人員、そして仕事に対し、統一的に指導を行うことになっている。

もちろん純粋な軍事面での指揮命令系統、つまり軍令系統は、軍事判断が優先される場合も少なくないであろう。しかし人民解放軍の主要なポストはすべて党員が牛耳る仕掛けとなっている。そして人事権は党にある。党にたてついては出世もできない。

問題は、党員でもある軍人が党の組織とルールを使って軍を掌握し、党の指導部に対抗する危険性にあるのであり、組織としての軍が組織としての党にたてつくことではない。

中央軍事委員会は「軍人の仲良しクラブ」

それでも党の軍に対する「絶対指導」を謳うわりには、まだ不十分な点がいくつかある。そのひとつが、制度的な不十分さだ。少なくとも《中国人民解放軍政治工作条例》を見る限りそう見える。

「人民解放軍は中国共産党の絶対的指導の下におかれなければならず、その最高指導権と指揮権は中国共産党中央委員会および中央軍事委員会に属する」と書いてはある。だが軍隊内の党組織を指揮し監督するのは、中央軍事委員会であって中央委員会ではない。中央委員会についての具体的な記述はないのだ。

中央委員会は、形式的には党大会に授権された共産党の最高意思決定機関である。あのチャイナ・セブン、すなわち政治局常務委員会に対して形式的な監督権限を持っているし、報告義務を課している。ところが中央軍事委員会については、形式的な報告義務もない。中央軍事委員会と中央委員会との関係について党規約には何の定めもないのだ。
もちろん中央軍事委員会のメンバーは、中央委員会により「決定」されることになっている。この「決定」がミソであり、総書記などが「選挙」により選ばれているのとは違う。恐らく「中国式相談」の世界なのであろう。そのせいか11名の中央軍事委員会のメンバー中、主席である習近平以外の残りの10名は全員が職業軍人となっている。実体は軍人さんたちの〝仲良しクラブ〟である。スタッフも恐らく大部分を人民解放軍が派遣しているのであろう。

これでは軍内の共産党組織を厳格に管理することは難しい。とりわけ党の方針が、組織としての軍あるいは軍の有力者の利益と相反する場合には、それを貫くには多くの困難を伴うことになる。中央軍事委員会は、党からも国家機関からも実質的に独立しているのだ。

習近平が中央軍事委員会、ひいては人民解放軍全体を掌握する〝宝刀〟が、すでにおなじみの中央軍事委員会主席としての〝人事権〟である。実際、習近平は徐才厚の案件のような腐敗事案を通じて強制的に人を換え、急速に軍内の〝権力〟を強めている。

軍による習近平揺さぶり?

しかし党員であるとはいえ軍事を生業とする職業軍人を、制度としてどこまでコントロールできるかという問題は残る。

冷静に考えれば、通常、党が決めた大きな方針に軍が反対できるとも思えない。なぜなら入隊以来、すべての軍人は〝党の指導〟というものを嫌になるほど叩き込まれてきているからだ。その〝党の指導〟に組織としての軍が正面からたてつくには、納得し確信できるだけの立派な大義名分がいる。それがないと軍が一体となって党中央に反旗を翻せないし、逆に軍が一体とならない限り党中央に勝つことはできない。

ところが、組織には必ず派閥ができる。人民解放軍も例外ではない。習近平にしてみれば、これらをあやつることで自分に敵対するグループを排除できるし、人事権を使えばそう難しいことではない。反腐敗を使えばもっと短時間でできる。

そもそも、どういう問題であれば、軍は一丸となって党中央に対抗できるのであろうか。果たしてそういう問題はありうるのだろうか。軍そのものの存続に関係したり、軍人の生活を直撃したりする問題以外に、あまり考えられない。対日政策がそれに含まれないことだけははっきりしている。

それでも、前に触れた人民解放軍の不規則な動きを見れば、習近平は本当に人民解放軍を掌握しているのかという疑問はまだ解けない。14年9月に習近平がインドを公式訪問したときには、インド国境の中国軍が越境している。まさに習近平の顔に泥を塗るような行為だ。

私は、これらの習近平にとり不利な行動は、習近平を揺さぶり反腐敗の動きを掣肘するために、軍の一部が画策したものではないかと見ている。彼らが大胆な行動をとるのは、党中央が分裂気味で、長老を含む党中央に強力な後ろ盾を擁していると彼らが判断したときであろう。つまり習近平の権力掌握が進めば進むほど、このような不規則な動きも収まっていくと見て良い。

共産党が分裂含みのとき、全国的な指揮命令系統を持つ人民解放軍がどちらに付くかは、党内の闘争に決定的な意味を持つ。だから軍は大事であり、その掌握につとめるのだが、軍内の敵は少ないに越したことはない。それにも拘わらず、習近平は軍においても反腐敗闘争を進め、軍の大改革に乗り出している。

始まった軍の大改革

習近平による軍の大改革の基本方針が、13年秋の『改革の全面的深化に関する決定』の「国防および軍隊改革の深化」の項に書かれている。

軍総政治部が14年8月に出した「国防および軍隊改革の深化についての宣伝教育提要」の言葉を借りれば、この改革は「中国の夢、強軍の夢を実現する必然の要求であり、国を強め、軍を興す内在の要求であり、危険と挑戦に対応する現実の必要」ということになる。

この改革はまた、「軍事競争において主導権を奪うためにどうしても必要なものであり、戦争の形態の変化は改革を促し、大国間の軍事的な力較べは改革を求めている」とする。したがって改革は「現代戦に勝つための能力を向上させ、戦闘力の向上を阻む矛盾や問題を解消するためのもの」なのである。

このように軍人たちに反対できない大義名分を前面に押し出しながら、実はとてつもない大改革を試みているのだ。その対象は、人民解放軍の組織と編制、戦略と戦術、人材養成等すべての面に及ぶ。

それは「情報化時代の現代戦」を戦うことのできる軍隊をつくることに集約される。具体的には陸軍を削って海、空、第二砲兵（ミサイル）を強化するものであり、各軍が共同して戦う連合作戦をやれる指揮体制をつくるものであり、そういうことのできる人材を養成するものである。

同時に国民の不満と批判が大きい軍の腐敗にも大きく踏み込んでいる。腐敗と不正が起こりやすい部門、すなわち軍の調達部門や宿舎の建設といった福利厚生部門の仕組みを変えようとし、軍の紀律検査委員会も強化しようとしている。

軍組織における文官の任用についても言及している。日本の防衛省にもアメリカの国防総省にも文官は多く登用され、重要な役割を果たしている。つまり職業軍人による軍務の独占が打破されているのだ。

もちろん習近平は、押っ取り刀でやみくもに改革しようとしているのではない。いかなる組織にも改革派はいる。長い間組織が放置され、問題が続出すると改革機運は高まる。人民解放軍も今はそういう状況にあり、だから習近平のこの動きを強く支持するグループもいるのだ。

しかし改革は多くの場合、自分たちの利益が直接脅かされるようになると、かなりの人が反対に回るものだ。つまり総論賛成、各論反対となるのだ。だから党中央は、改革は最も難しい「深水区」に到達していると判断しており、そこを突破するしかないと考えている。

それでも今回、党の中央軍事委員会ではなく、中央委員会が直接、人民解放軍の改革を「決定」した意義は大きい。それも軍の構成や将校と兵士の割合の変更、デスクワーク専門の非戦闘要員の削減など、軍の組織と編制、戦略と戦術といった軍令分野にまで踏み込む決定を党がしたのだ。軍に対する〝最高指導権と指揮権〟は中央委員会にあることを実際の行動で示したともいえる。やはり党優勢で改革が進んでいるのである。

習近平は、最近の自分が取った一連の措置が、人民解放軍という巨大な組織に打撃を与えていることも知っている。徐才厚以下多くの将官を腐敗でつかまえ、しかもこれからも恒常的にやり続けるつもりだが、あまりに叩かれると組織というものは反発を強めるものだ。そこで「強軍の夢」を持ちだし、強い軍隊を作ることを前面に打ち出し、組織としてのやる気を持続させようとしている。また、そうすることで習近平に対する求心力を高めようとしているのだ。

しかしこの強軍節《ブシ》をあまり大きな声で歌いすぎると、アメリカをはじめ多くの国が警戒感を高め、対抗措置を呼び込み、平和的な発展が難しくなる。習近平は、ここでも難しいかじ取りを迫られているのである。

国家安全委員会という新たな仕掛け

習近平は、さらに国家安全委員会をつくった。この国家安全委員会も『決定』においてその創設が決められた。だが「社会統治体制の創新」の項目の中に一言、「国家安全委員会を設置し、国家安全体制および国家安全戦略を完成させ、国家の安全を確保する」と書いてあるだけだ。つまり「社会統治体制」としての国家安全委員会なのだ。基本は国内向けと判断するのが妥当だろう。

しかし習近平は『解説』の中で、国家安全委員会に細かく触れている。そして国家の安全と社会の安定は、改革と発展の前提だと強調する。しかも中国は今、対外的には国家主権、安全、発展の利益を守り、対内的には政治の安全と社会の安定を守るという、二重の圧力にさらされていると語る。それに将来の危険もはっきりと増大していると言うのである。

そこで国家の安全にかかわる仕事を統一して計画し、アレンジする、強力な場（プラットフォーム）をつくる必要があり、国家安全委員会をつくることにしたというのだ。その主要な職責は、国家の安全にかかわる戦略や制度設計、そして基本方針と政策を定め、実際の重要問題についても直接関与するということにある。

ここでも国家の安全にかかわる部門の数が多く、横の調整が不可能な中国の特徴が出ている。関係する部門には、人民解放軍、武装警察、公安部、国家安全部、司法部、最高人民法院、最高人民検察院があり、それに外交部が加わる。だから委員会をつくって、それらの部門を一つに束ねる必要があるのだ。

14年1月、政治局は国家安全委員会の設置を決定した。習近平は当然、この委員会の主席に就任し、副主席には李克強国務院総理と張徳江全国人民代表大会委員長が就任した。副主席の二人は、それぞれ党内序列二位と三位だが、国務院は予算を、全人代は法律を作る。妥当な線だろう。

そして実務をたばねる弁公庁主任には、習近平の側近の栗戦書が就いた。以上の結果、習近平の力は大きく強化されることになる。その仕掛けを解き明かしていこう。

軍事安全保障の問題は、これまで人民解放軍の専管事項であり、軍に関する情報も独占し、外部の本格的な軍事専門家も育たなかった。外からの挑戦はほとんどないということでもある。

その人民解放軍は、すべての事項につき中央軍事委員会から指揮命令を受ける仕組みとなっていた。国務院総理でさえ、この中央軍事委員会にポストはないし、国務院も予算関連事項を除いて関与する権限はなかった。

すでに見たように中央軍事委員会において習近平は、ますます専門化し難解となる軍事に関係する事柄を職業軍人の意見だけしか聞けない仕組みの下で、たった一人で決めなければならないのである。そうなると純粋軍事マターについて、人民解放軍の意向に反する決定をすることは実際上、相当に難しいと言わざるを得ない。しかし国家安全委員会ができれば、ここで議論することが可能となる。中央軍事委員会で決裁を求められても、習近平は「他の部門とも関係しているようなので、国家安全委員会で議論しよう」と言えるようになったのだ。このメカニズムは実は職業軍人による軍事安全保障問題の独占の打破につながるのである。

優先されるのは常に経済である

人民解放軍は着々と力をつけている。同時に、習近平も軍をコントロールする力をつけている。だが、これからも政権交代期や基本政策を転換するときに、国内の必要から対外強硬姿勢に走る誘惑に駆られ、実際にそう出てくる可能性はある。

しかし同時に中国の統治の基本は、何度も言ったように経済をしっかり発展させることにある。これを忘却した中国の指導者に明日はない。

すでに述べたように、中国が軍事にのめり込み、アメリカに正面から挑戦し、いずれは世界を制覇する政策を決めたと断じるのは時期尚早である。むしろ将来においても、そういうことが可能とはならないと判断している。なぜなら中国がそういう決定をすれば、中国は終わりになるからだ。

それは中国の軍事戦略の策定の歴史を見ても理解できる。中国の軍事戦略は党主導であり、あらゆる側面の整合性をとって時間をかけてなされてきた。軍事安全保障の要素のみが、抜きんでて重視された気配もない。

毛沢東の人民戦争戦略は、76年に毛沢東が死去した後、世界戦争は回避できるという世界観の転換を伴いながら、85年になってようやく「現代条件下の積極防御戦略」に最終的に転換した。この動きは、78年の米中国交正常化、同年の中国の改革開放政策を根幹とする国家発展戦略の策定、79年の中越戦争の経験といったものの蓄積の中で、徐々に完成されたものだ。

江沢民は93年に「新時期の軍事戦略方針」を打ちだし、「ハイテク条件下の局地戦」

に重点を移した。湾岸戦争（91年）は情報技術を駆使した現代戦であり、人民解放軍に根本的な戦略の見直しを迫った。江沢民の戦略の転換は、その結果だと言われている。

その後、前述の第三次台湾海峡危機が起こり、99年にはベオグラードの中国大使館が誤爆された。コソヴォ紛争では米軍やＮＡＴＯ軍は、情報システムを駆使した現代戦での圧倒的優位を見せつけた。それが今度は、「情報化条件下の局地戦」へと中国軍の戦略重点を移させることになったのだ。

そして胡錦濤時代には、前述の「新しい歴史的使命」となり、人民解放軍の任務はさらに拡大され、国防費も急速に増えていった。好調な経済発展に支えられて、強い軍隊を作ることが可能になったからだ。

だが鄧小平の時代から一貫しているのは、世界戦争は回避できるという世界観に何の動揺もないという点だ。そして経済の発展が中国の国策のカナメの中のカナメだという思想の堅持である。

「何を言っているのだ。今は経済中心だが、その後を保証するものは何もないではないか」という反論もあろう。だがそもそも経済を無視ないし軽視できる時代が来るのであろうか。先進国の例でも、経済は常に最重要の課題であり続けている。やはり経済のくびきから逃れることはできないと想定しておくべきであろう。

これまでの歴史を紐解きながら、経済の相互依存が戦争の勃発を阻止することはできないと主張する向きもある。彼らが検証すべきは、経済のグローバル化がこれだけ進み、経済の相互依存のレベルがこれだけ高まり、情報化社会がこれだけ進展し、国民の直接関与がこれだけ強まった現代社会において、どういう仕組みで、例えば第一次世界大戦の勃発と類似のことが起こり得るか、という点である。そうならないという理由の方が多い気がしてならない。

対外強硬論の背景

中国においても経済の成長が鈍化し、財政の拡大にも歯止めがかかったときに、軍事費だけが今と同じ割合で伸びていく保証は何もない。それほど中国の国内問題の党中央に課す負担は大きい。そうなると09年ごろから中国が急に対外強硬姿勢を強めた理由をどう説明するかという問題が出てくる。

まず戦略任務の拡大の動きからもわかるように、国力の増大を背景に胡錦濤時代には、対外的にプレゼンスを拡大する機運が生まれて来ていたことは確かであろう。経済力や軍事力がついてくると、それを使って対外関係を処理したいという願望が出てくるのは自然なことだ。それをナショナリズムが後押しをする。

しかし外交の現場では、少なくとも09年になるまでは、私が慣れ親しんだ江沢民時代や胡錦濤時代の前半と異なる感触はなかった。確かに対外援助は増え始めていたし、意気軒昂ではあったが、中国外交が本質的に変わったと実感することはなかった。

私にとっての唯一の例外が、08年12月、中国の公船が尖閣の領海を長時間侵犯し、しかも「公務執行中である」とうそぶいた事件である。それから間もなく温家宝総理が日中韓三国首脳会議のために訪日することになっていただけに、大きな違和感を覚えた。普通は国のリーダーが外国訪問する際は、問題は起こさないようにするものだ。

この事件は、党中央のやり方に不満を持つ人たちが、自分に与えられた権限の中で党中央に嫌がらせをする、今ではよく見かけるパターンの走りだったという気がしている。ある意味で組織がたるんできたのだ。

08年にリーマンショックに端を発する世界不況の中で、中国は4兆元の緊急経済対策を打ちだし、その成果はすぐに出た。中国のＧＤＰは08年も、09年も結局、実質９％台の成長を維持できたのだ。このころから中国は変わり始めた。

アメリカは、まだ不況のなかをのた打ち回っていた。アメリカから戻った中国人は、これほど自信を失ったアメリカ人を見たことがないと感想を漏らしていた。日本は低迷を続け、中国がその経済規模を追い越すのも時間の問題だ。彼らはついにアメリカの背中を視野にとらえ、中国の時代が間もなく来ると舞い上がった。かくして「核心的利益」に代表される、中国の利益を直截に追求する外交姿勢に変わっていったのだと思う。

これだけ強くなった中国が、どうして外では目立たないように振る舞い、ひっそりと自分の力を蓄える必要があるのか！　鄧小平の、「韜光養晦《とうこうようかい》」の外交政策を続ける必要は、もうないではないか！　自信を持って自己主張をすべきであり、必要ならば実力行使も辞すべきではない！

こういった声に押されて、対外強硬の外交姿勢に変わっていった。10年に外交部が「核心的利益」の中に南シナ海が入ると言い出したと言われている。さらに12年は、中国における敏感な政権交代期であり、強い指導者、強い党を演出する材料として尖閣問題が使われた可能性は高い。日本に対し断固とした姿勢を示せという声が急激に高まった。

これらに後押しされて中国は、ついに物理的な力を背景に現状を大胆に変更する動きに出たのだ。軍の任務拡大を背景にして、これまで長いこと考えることはあってもあえて大胆に実行することのなかった対外構想を、実際に試してみたのである。

この党と社会の雰囲気に、どうも現場の政策当局者も飲まれたようだ。尖閣に対し中国が実力行使を強めていたころ、中国外交部のなかに「日本を屈服させれば、ベトナムやフィリピンの問題は自動的に片付く」と豪語する者もいたという。当然、日本だけではなく国際社会、とりわけアメリカと近隣諸国は、この動きに敏感に反応する。作用・反作用の世界に入りこんだのだ。

中国が物理的な力で現状を変更しようとすることに対する備えを強化する動きはすでに始まっており、もう止まることはないであろう。最も重要な問題は、中国指導部がこの経験をどう総括するかにある。それによって今後の日中関係のみならず、中国と世界との関係も決まるであろう。

対外強硬路線の限界とリスク

中国の強硬策に対する周辺諸国の「反作用」に対し、中国はどう出てくるのであろうか。中国の選択肢は、相手がグウの音も出せないほどさらに軍事力を強くして自分の意思を押し通すか、国際協調を通じて自己の利益の最大化をはかるかの二つしかない。

　対外強硬姿勢は、強い軍隊を必要とし、それは組織としての人民解放軍の願望とも一致する。軍の増強と対外強硬姿勢には明確な関連がある。しかも習近平は、「強軍の夢」を前面に押し出してきている。中国の軍事費はこれからもかなりの間、高い伸び率で増えていくであろう。「国際的地位にふさわしい、国家の安全と発展の利益に見合った強固な国防と強大な軍隊の建設」（第18回党大会における胡錦濤報告）を目標とする限り、アメリカとの地政学的な衝突は避けられない。

　中国がここで考えるべきは、21世紀における軍事力の機能であり、その限界である。第二次大戦後、アメリカの軍事力は圧倒的だったが、それでもアフガニスタンやイラク、さかのぼればベトナムでも、軍事力でその政治的目的を達成することはできなかった。21世紀における軍事力の役割とは、そういう限界を持つものになってしまったのだ。

　しかもアメリカが相対的に享受した軍事力のレベルに中国が到達することは、ほぼ不可能である。それなのに、これから軍事力で何を達成しようと言うのであろうか。

　予見しうる将来、アメリカは超大国であり続けるし、インドや後発国も追い上げてくる。中国経済が中国自身の理由により、今までのトレンド通りの高度成長を続けることができないことは、中国が一番よく知っている。ましてや中国があれほど必要とする経済の持続的成長は、国際経済を離れては実現できない。経済は平和と国際協調を要求する。そして世界経済は、有限の資源という条件の中で、ますます多くの人口を養い、しかも生活水準を上げていかなければならない。そこで求められているのは、国際社会が協調して世界経済に対する新たな挑戦を生き抜くということであって、19世紀や20世紀の発想で利己的に自国の利益だけを追求することではない。

このように軍事力に偏った国策は、中国の政策目的を達成できないのみならず、中国の真の国家利益を損なうのだ。09年以来の対外政策とそれに関連する安全保障政策をもう一度見直してほしいと思う。

人民解放軍が守るべき中国の「発展の利益」は、目の前の、視野の狭い、短期的な利益ではないはずだ。広い視野に立った長期的な利益こそが、中国の真の国益だ。

世界が平和で安定し、協調的なものとなることが、世界経済の持続的成長を可能とし、結局それが中国の問題の解決に資するからである。中国共産党の内部の総括が、そういうものとなることを願ってやまない。

第9章　中国の未来と日中関係の行く末

既存秩序の最大の受益者

中国が現在の国際秩序の破壊者となることは自殺行為である。

私の観察では、中国が経済リベラリズムに依拠する既存の国際経済秩序を否定したり、破壊したりすることは考えられない。中国は、この既存の仕組みから最大の利益を得たから今日の発展があるのだし、今後も必要としている。経済規模の増大に伴い、それにふさわしい発言権を求めて部分的修正を求めてくることはあるだろう。しかし、全否定はありえない。

もっと細かく見てみよう。戦後世界は、経済リベラリズムに基づく国際経済秩序を作りあげた。それは、戦前の保護主義あるいは経済圏の囲い込みが第二次世界大戦をもたらした主要な原因であるという判断に基づく。アメリカが主導して作り上げたブレトンウッズ体制と呼ばれるものが、それに当たる。

この体制は、当然のことながら、最強の経済大国であるアメリカの利益に沿うようにつくられている。そういう風につくられていると言っても、一度ルールができるとアメリカでさえ勝手に変えることはできない。これが戦前とは違う。

この自由貿易に代表される経済リベラリズムの行き着く先が経済のグローバル化であり、その結果としての経済の相互依存の深まりなのだ。そのグローバル経済から最大の利益を享受したのが、実は中国である。

自分が最も利益を受けてきた仕組みを壊そうとする者はいない。ましてやその仕組みをこれからも必要としているのであれば、なおさらそうだ。

だからと言って中国が何の主張もしないということではない。中国経済が大きくなり、世界経済におけるウエイトが高まった帰結として、既存のメカニズムの修正を求めることは自然な成り行きだ。

世銀・ＩＭＦあるいはアジア開発銀行における発言権の増大を求めているのも、その一環である。それに先進諸国が応じないのでアジアインフラ投資銀行、シルクロード基金などというものを言い出している。これは既存のメカニズムの修正ないし補足であって、破壊ではない。

アメリカにとって代わる日は来ない

次に戦後世界の政治秩序を見てみよう。ここでもアメリカが主役を演じ、彼らの奉じるリベラルデモクラシー（自由民主主義）が政治理念の基本的な柱となった。

アメリカは、二つの対外姿勢の伝統を持っている。一つは、外からの干渉を嫌い外への関与を嫌う一国主義の伝統であり、もう一つがアメリカという国の使命として、アメリカが体現する理念を世界に広げなければならないとする国際主義の伝統である。

第一次世界大戦が終わると、ウイルソン米国大統領の提唱により国際連盟が創設された。だがアメリカ議会は、一国主義に反するというので、参加を拒否した。

第二次大戦が始まって間もなく、ルーズベルト米国大統領は、いち早く戦後の世界秩序を構想し国際連合の創設を考えている。このように国際連合は、アメリカのリベラルデモクラシーの国家理念を色濃く反映する組織となっている。それは欧州の啓蒙主義の行き着いた先であり、人類の普遍的価値を代表するものでもある。その理念が具体化されたものが、国際連合憲章なのだ。

もちろん、戦後間もなく米ソ冷戦が始まり、国連が機能停止に陥る場面が続出した。国際政治の現場では、ジオポリティックス（地政学）もパワーポリティックス（強権政治）も健在であった。しかし冷戦構造が崩壊し、アメリカの主導的な力が強まるとともに、リベラルデモクラシーはさらに力を得た。この基本的な流れは大多数の国際社会のメンバーの賛同を得ている。

アメリカの相対的な地位の低下と中国の台頭が、この価値観や理念に修正を迫ることになるとは思えない。われわれが正確に理解すべきは、アメリカが代表してきたものは現時点における人類の〝普遍的価値〟であることである。

〝普遍的価値〟と言うと自由、平等、人権、民主となるが、それらは国連憲章にも書き込まれている。しかしこれらに限ることなく、それ以外の〝普遍的価値〟があってもいいし、同じ言葉を使っても解釈が国や社会によって違うことも十分ありうる。それらを議論し、理解を深め、できるだけ共通の理念に従って国際社会を組織し、運営できるようにすることは良いことだ。つまり中国は、今後、国際社会の賛同を得て〝普遍的価値〟の部分的な修正なり補完なりをすることはできるが、正面から挑戦し否定できるものではないのだ。

こう見てくると中国の台頭の本質は、中国が力をつけ、その力に見合った地位を要求しているということにあり、限りなく地政学的なものであることが分かる。そして中国の台頭は、確実にアメリカの地位に対する挑戦となり、米中の地政学的な対立となる。

アメリカの相対的な地位の低下と中国の台頭が、実質、アメリカの国力と理念に支えられてきた戦後国際秩序にどのような影響を及ぼすかは、世界の将来にとり大きな問題である。米中が安定した協力関係を維持し、この移行期を乗り切り、世界を次の平和と安定の時代に持って行くことができるかどうか、米中両国の責任は大きい。

だが中国が本当にアメリカの地位に挑戦し、アメリカに取って代わる日が来ることを予想するのは私には難しい。中国の経済成長は徐々に緩やかとなり、高齢化社会もすでに到来している。中国が直面する国内の問題は、依然として巨大であり、深刻であり続けている。中国は世界を混乱に陥れることはできても、現行の秩序を破壊し、新たな秩序をつくる力はない。そして将来も、戦後のアメリカがやったように一国でそれをやれる日は来ないであろう。

冷静に見れば、中国自身がまだ整合性のとれた理念と政策を持つことができないでいる、という判断が最も理にかなっているように思える。

思う。

中国脅威論を理解できない中国人

中国を長年観察していて、中国はまだ〝自分探しの旅〟をしているのだなとつくづく思う。

昨今の中国脅威論の高まりを、中国の人たちは、なぜそうなるのか理解できないでいる。脅威論を煽るのは、中国を悪者にして、自分たちの悪行を隠し、よこしまな利益を得るためだと考えている。中国の〝ものの考え方〟が、中国脅威論の高まりという結果をもたらす仕掛けになっていることに、彼らの多くは気づいていない。その〝考え方〟とは、「中国の基本国策は平和と発展であり、世界の平和と発展のために大国としての責任を果たし尽力する。しかし領土や主権、海洋権益と言った中国の生存と発展のために必要不可欠なものについては、一切譲歩はしない」とまとめることができる。

つまり自分たちの〝核心的〟な権利や利益を侵犯することは決して許さないという姿勢と、世界の平和と発展のために努力することとは両立すると考えているのだ。なぜなら中国の「権利や利益」を守るのは当然であり、侵犯する相手が悪いのだから、世界の平和と発展を損なっているのは相手だ、という理屈になるからだ。

だがここに本質的な問題がある。それは、正しいか正しくないかを自分たちで決めているからだ。中国は、世界大国になれば何が正しいかを自分で決めることができると考えているが、それは大間違いだ。アメリカはそうしているではないか、と言いたいのであろうが、そうではない。アメリカでは大統領が決めたことにも議会は反対できるし、国民も監視している。国際輿論もある。ルール違反をしたり、国民が正義だと思っていることと違うことをやったりすることは難しいのだ。対イラク戦争のように無理してやったことでも、いずれは是正する。戦後の国際政治秩序は、ルールに則った行動をすることを求めており、大国が自由に振る舞うことを簡単には許さないのだ。

中国が軍事大国になるのは当然だと思っていても、中国以外の世界は「はい、そうですか」というわけにはいかない。軍事力は相手を破壊する手段であるし、持っているだけで相手を恫喝できるからだ。

一昔前、中国から「核兵器を持たない国に対して核は使用しませんので安心してください」などという説明を聞いたことがある。これは、無防備の人にナイフを背中に隠しながら「このナイフは決して使いませんので安心してください。ところでお金を少々貸してくれませんか」と言うようなものだ。兵力に大差があると、相手を脅して目的を達成することはできるのだ。

中国は、これだけの世界大国となり、巨大な軍事力を持つようになった。その軍事力をどのように使おうとしているのか、国際社会に説明する必要がある。合理的な説明を聞くことができなければ、他の国は中国の意図に猜疑心をいだき、それに対抗する動きをするだろう。

不必要な、かつ地域と世界を不安定化させる軍拡競争に入る必要はお互いにない。だからそれを避けるためにも、中国の説明は必要なのだ。とりわけ地政学的な対立関係に入ったアメリカとの間では、十分な意思疎通をする必要がある。

中国がするべき説明は、中国の考える世界像や世界秩序を語るものでなければならない。そういう大きな目標を達成するために、軍事力はどういう役割を果たすのか。このことを世界に通用する言葉とロジックで話す必要がある。それが曖昧のまま軍事力の増強を続ければ、中国は自分の意思を他者に押し付け、自国の利益を拡張し、覇を唱えるためにそれをやっているのだと思われるであろう。

理念に行動の裏づけがあるか

私自身、ここ10年近く、中国が真の世界大国になったら何をするつもりなのかを自問自答し続けてきた。私は、中国がやみくもに歴史のトラウマに突き動かされているわけではないと思っている。「中国は弱かったから、世界に冠たる大帝国の地位を追い落とされた。列強から領土を蚕食され、中国人の誇りはズタズタにされた。だから強国となりたい」という気持ちは分かる。だが強国になった途端に、今度は弱小国に自国の意思を押し付けているのでは、中国が批判してきた帝国主義列強とどこが違うのか、ということになる。5000年の文明を誇る中華の民が結局行き着いた先が、西洋の帝国主義と同じであったというのでは、中華文明の名が廃る。ご先祖様に申し開きがたたないではないか。

だから私は、彼らに対し、「中華文明の末裔はそれにふさわしい貢献をするべきである」と主張してきた。それも、力で自分の意思を押し付ける覇道ではなく、徳の力で人を従わせる王道によって、である。この私の議論に正面から反対する中国の知識人に、まだ出会ったことはない。

彼らは、彼らなりに答えを出そうとしている。

14年1月のダボス会議で、国際政治の分野で「ソフトパワー」という言葉を初めて使ったハーバード大学のジョセフ・ナイ教授は、王毅外交部長に対し、「中国はどのようにしてソフトパワーを作りあげようとしているのか」と質問した。これに対し王毅は、中国には独特のソフトパワーがあり、一つは中国の優れた伝統文化、二つ目は中国の特色ある発展の道、三つ目は中国外交が堅持してきた道理と正義、平等を実践するという伝統だ、と述べている。

一番目の「中国の優れた伝統文化」について、王毅はその代表として〝王道〟と〝覇道〟の概念を挙げている。13年8月に楊潔篪国務委員は、習近平時代の新しい外交の概念として、「義利観」外交を提示した。「利を見ては義を思う」(『論語』)、すなわち「利を以て利とせず、義を以て利となす」(『大学』)という考え方で外交を進めるというのだ。私利ではなく公義を重視した外交を考えるというのだ。

王毅の挙げた二番目は、まさに「〝中国の特色ある〟社会主義」の道でもあり、その実現のためには多くの困難が待ち受けていることはすでに指摘した。

三番目の中国の伝統的外交の原則は、一番目の「中国の優れた伝統文化」と重なる。周恩来外交そのものだ。つまり国の大小、強弱、貧富とかかわりなく、すべての国は平等に扱われなければならないという原則だ。これが中国の対開発途上国外交のバックボーンでもあった。理念としては立派である。

13年10月、習近平は周辺国外交に関する重要講話（『周辺諸国に運命共同体意識を根付かせよう』）において、その基本方針は「隣国と善い関係をもち、隣国を安んじ、隣国を富ませる方針を堅持する」ことにあることを強調し、「親」（親善）、「誠」（誠実）、「恵」（互恵）、「容」（包容）の理念を際立たせなければならないと説いた。そして14年11月の中央外交工作会議において、これらを義利観外交とともに中国外交の原則に位置付けた。

ついに中国外交も理念を語り始めたのだ。〝普遍的価値〟と言ってもいい。しかし問題の本質は、中国外交がそれらの理念を具現した実際の行動をとれるかどうかにある。習近平が「これらの理念をまずわれわれ自身が実行し、それを地域の諸国が従い、奉じる共通の理念と行動準則にすべきだ」と述べている通りに、実際にやれるかどうかだ。

南シナ海や東シナ海における中国の行動は、とても自分たちの言葉を実行しているようには見えない。それを本当に実現できるようになったとき、中国は自然に東アジアを指導する国となっているであろう。力で自分の意思を押しつける覇道ではなく、徳の力で人を従わせる王道の国になっているであろう。

そうなるためには、中国はいくつかの、それも深刻な課題を乗り越える必要がある。

一つは、そもそも理念や理想だけで人間は動くか、という根本問題に関係する。人類は理想主義と現実主義という二つの考え方を持ち、短期的には大体現実主義が勝っている。だが長期的には理想主義のおかげで人類は、曲がりなりにも進歩してきた。

中国で理念や理想を実践する人は多くはない。別に中国だけではなく、人間社会とは大体そういうものだ。中国においても、外交が短期的な利益や国民感情に引っ張られ、理念や理想と離れる傾向にある。国民を納得させて、口先だけではなく実際の行動を理念や理想に合致させることは、とても難しいことなのだ。

中国のかかえるもう一つの課題は、中国共産党の統治の難しさからくる。それはすでに触れた、中国共産党の統治の正当性を支えるには、ナショナリズムを使わざるを得ないという現実が突き付ける問題でもある。ナショナリズムは対外強硬姿勢を求め、対外強硬姿勢は強い軍隊を必要とする。力に頼る外交となるのである。

ナショナリズムは、国民感情の問題であり、感情はもともと非合理的なものだ。冷静な計算に基づく外交は、ある意味で合理的だ。理念や理想は、中長期的な、広い視野に立った外交を心掛けない限り、現実の外交の中に占める場所はない。そういう長期的な広い視点があってこそ、初めて理念や理想は活躍の場を与えられるからだ。

中国の「核心的利益」には、国家主権や安全、領土の保全、国家の統一などが含まれる（『中国平和発展白書』）。これらの問題を、人類共通の理念や理想とどう調和させるのか。中国指導部の厳しい挑戦は続く。

ベストシナリオとワーストシナリオの間

中国の日本に対する姿勢によって、日本の中国を見る目も変わる。中国も同じだ、と中国側は言うかもしれないが、実際に起っていることは双方が同じことをした結果ではない。キーワードは「物理的な力による現状の変更」が行われているかどうかだ。日中関係の現状を力で変えようとしているのは中国であって、日本ではない。ただ、当時の石原都知事の尖閣購入の動きが引き金となったのは事実であり、この意味で日本側にまったく責任がないというのは公平を欠く。

中国は、尖閣の「国有化」を日本が本質的に現状変更をした証拠だと騒ぐが、正確には〝日本の国内法に基づく所有権の個人から政府への移転〟であって、国際法上の尖閣の地位に何の影響をあたえるものでもない。日本では外国政府も土地の所有者になれるのだ。外国政府が所有権を得たからと言って、その土地が外国の領土に変わるわけではない。この日本側の国内法上の行為は、中国の法執行機関が公船を尖閣の領海に送り込み、物理的な「力」で現状を変えようとすることとは本質的に異なる。実効支配をしてきたのは日本であって、中国ではない。

このように中国の意見は正しく日本は間違っていると言い募り、力で自分の意思を押し付けてきているように思える中国を見て、日本社会の中国に対する見方は急速に悪化している。中国においても「日本がけしからんからこうなった」と説明されており、似たような国民感情の悪化が起こっている。

しかしお互いが嫌いだからと言って引っ越しするわけにはいかない。そうであれば、まず中国がどうなるかを予測し、その中で日本にとってベストの選択をするしかない。中国も日本を正確に理解し、その日本とどのような関係をつくるのが、自国にとってベストなのかを考えるべきだ。

私は、中国の将来は、すべてうまくいってアメリカをいずれ追い抜くベストのシナリオから、すべてがうまくいかず中国共産党の統治が崩壊し中国が大混乱におちいる最悪のシナリオまでの間をさまようものになるだろうと思っている。私個人の皮膚感覚としては、ベストのシナリオよりもワーストのシナリオの方が可能性は高いとも思っている。どのシナリオに落ち着くかは、この本の冒頭で述べたように、中国のかかえる問題の深刻化のスピードと中国共産党の統治能力向上のスピードとの間の相関関係で決まる。

中国社会はこれからさらに変化し、それに対応して中国共産党も変化していく。これが常識的な将来予測だ。つまり速すぎる変化を経て、中国の経済成長のスピードも遅くなり、社会の変化も次第にゆっくりとしたものになっていく。そして中国社会の自己反省も始まる。

この自己反省はすでに始まっており、拝金主義にどっぷりとつかった社会の風潮に対する反発は強まっている。仏教やキリスト教、それに道教といった宗教に対する関心も強まっている。中国社会の価値観や倫理観も、伝統的な価値観の影響を強く受けながら、これから大きく変わっていくであろう。

つまり中国のベストシナリオに恐怖するのでもなく、またワーストシナリオを渇望するのでもなく、その二つの可能性がありうることをしっかりと頭の片隅に置きながら、それでも中国は着実に前に進んでいく蓋然性が高いと想定しておくべきである。

つまり中国は深刻な問題をかかえながらも、社会の安定はぎりぎり確保され、経済はぎりぎり指導部の想定内で発展し、軍事力は比較的速く増大し、中国の国際政治における重みはさらに増す、と見ておくのが無難だ。

対中二重アプローチ

そういう中国とどういう関係を築くべきかという課題に、われわれは直面している。これに対し私は「対中二重アプローチ」を提唱してきた。柔らかい手と硬い手を持つということである。

一方で中国の地政学的に偏った軍事的膨張に対しては軍事、外交の手段を総動員して対応し、中国が国際秩序の破壊者とならないように予防し、誘導する。もう一方で中国が経済の国際秩序を破壊しない限り、日本の成長戦略の一環として最大限に中国経済を活用するというものである。

最悪の事態に対する備えを怠ることなく、「予測可能な、安定した協力関係」を築く外交努力を強化するということでもある。すなわち経済のロジックに基づき作り上げられた「戦略的互恵関係」を基礎に、軍事安全保障のロジックのもう一つの柱をつけ加え、危機管理をしっかりと行う必要がある。その枠組みの中で、不必要な対立をあおることなく、日本も中国も、アメリカも含むすべての国の安全が、しっかりと担保される東アジアの安全保障の枠組みについての話し合いを始めるべきである。

もちろん日米安全保障条約に基づく日本の安全保障の枠組みは、安心できる新たな国際的な枠組みが出来上がるまで、しっかりと維持され、強化されなければならない。しかしその次の段階を今から構想しておくべきであり、専門家はそのための話し合いを始めるべきだ。

どんな状況下でも対話のチャネルは残し、むしろ強化する必要がある。これが外交の常識というものだ。日中間の意思疎通は現状、ますますお粗末なものとなり、パイプは詰まり気味だ。私は、日中の間で「予測可能な、安定した協力関係」を築くという、日中両国の共通の国策を達成する鍵は、両国民がお互いに相手に対し正確な認識を持つことができるかどうかにかかっていると考えている。

等身大の相手にたどり着いたとき、そこには新たな覚醒が待っているであろう。なぜなら日本も中国も、偉大な国家であり、日本人も中国人も偉大な民族だからである。これは毛沢東や周恩来が語った言葉である。だからお互いに尊敬できるのだ。

そしてお互いに本当に尊敬し合えるようになるためには、日本という国、日本人という民族は、さらに立派にならなければならない。中国という国、中国人という民族も、さらに立派にならなければならない。それは日本がさらに日本らしく、中国がさらに中国らしくなることでもある。

つまり日中両国が〝自分探しの旅〟を終え、自分が何者であるかを見つけだし、自分自身に対し誇りを持つことができるようになったとき、はじめて冷静に相手を眺めることができるであろう。

相互位相を探す旅もここでようやく終わる。そこには〝明るい〟未来が待っているであろう。そうであることを切に望む。

おわりに

2010年7月に北京から戻り、翌8月に外務省を退職した。その後、中国や日中関係について各界の方々に話をする機会を得た。自分にとって当たり前のことを話したつもりだが「そんな話は初めて聞いた」という反応を多くいただいた。私が理解する中国と日中関係の姿は、国民の皆さんの「常識」とはかけ離れていたということになるし、日本のマスコミ媒体が伝えるものとも違っていたということになる。

考えてみれば、相互理解の出発点は相手の立場に立って考えるということだ。これが外交の基礎でもある。この基礎作業が、日本社会においても中国社会においても十分になされておらず、誤解と理解不足が蔓延しているように見受けられる。この本は、そういう相互理解の材料にしていただくことを願って数年前から準備してきたものだ。

しかし漫然と、ある意味で皮膚感覚として中国を知っているつもりでも、それを文字にして理解してもらうためには、もっと深く掘り下げて分析する必要があることを思い知らされた。ものごとを本当に理解してこそ、はじめてわかりやすい解説ができるという当たり前の道理を、身を以て体験したということだ。本書を書く過程で私の中国に対する認識もより整理されたものになったと感謝している。

堅苦しい役人言葉での記述に慣れ親しんだ者が、あえて新書という形式にこだわったのは、より多くの方々に手に取っていただき、一人でも多くの方に私の理解する中国を届け、中国とのこれからの付き合い方を考える際の参考にしていただくためであった。しかし私の意図は簡単に破綻した。決してやさしい作業ではなかった。それを今回お届けするような形にしてくれたのは、新潮社の横手大輔氏であり、まさにプロの支援なくして本書は日の目を見ることはなかったであろう。心から感謝したい。

また40年以上の長きにわたり、折に触れ私の中国理解を助けてくれた多くの中国の友人たちにも深甚なる謝意を表したい。彼らが私の師であり、教導者であった。私の理解する中国を彼らにぶつけ、彼らの鋭利な分析が私の見方を是正し、より客観的で複眼的な中国像を描き出すことを可能にしてくれた。

最後に私にものを書く時間と環境をつくってくれた二人の女性と一人の男性に対する

お礼の気持ちに触れなければ不公平になる。宮本アジア研究所の設立から運営まで、ほとんどすべてを妻の明子に助けてもらっていることを白状しよう。おかげで力関係は、ますます私に不利になっている。また著しく有能な秘書である近藤（旧姓中矢）玲さんには感謝の言葉もない。おかげで何の不満もなく日々快適に仕事をさせてもらっている。また東京大学大学院法学政治学研究科博士課程の李昊君には、事実関係の調査や確認など時間のかかる作業を根気強く手伝ってもらった。感謝に堪えない。

それにしても日中関係の行く末が気になってならない。われわれ世代は、自分たちが全く関与しなかった歴史問題を背負い込まされ、今も悪戦苦闘している。だからこそ険悪な日中関係からくる負担を、われわれの孫子《まごこ》の世代に背負い込ませるわけにはいかない。いかにして安定した協力関係を日中の間に作り上げるか。それがわれわれ世代のなしとげるべき責務ではないだろうか。そう思う昨今である。

２０１５年４月

宮本雄二

宮本雄二　1946(昭和21)年生まれ。
宮本アジア研究所代表。京都大学
法学部卒。69年に外務省に入省。
駐ミャンマー大使、沖縄担当大使
を経て、駐中国大使（2006～10年)。
2010年に退官。

Ⓢ新潮新書

619

習近平《しゅうきんぺい》の中国《ちゅうごく》

著　者　宮本雄二《みやもとゆうじ》

2015年5月20日　発行

発行者　佐藤隆信
発行所　株式会社新潮社
〒162-8711　東京都新宿区矢来町71番地
編集部(03)3266-5430　読者係(03)3266-5111
http://www.shinchosha.co.jp

図版製作　株式会社クラップス
印刷所　二光印刷株式会社
製本所　株式会社大進堂

ISBN978-4-10-610619-4　C0231

価格はカバーに表示してあります。

新潮新書

584
60歳からの生き方再設計
矢部武

うまくいっている人には、「現役時代のメンツにこだわらない」「愛やセックスに対しても開放的」など、いくつかの共通項がある。「第二の人生」を成功させる秘訣を伝授。

581
日本の風俗嬢
中村淳彦

どんな業態があるのか？　収入は？　女子大生と介護職員が急増の理由は？　どのレベルまで就業可能？　成功の条件は？　三〇万人以上の女性が働く、知られざる業界の全貌。

580
領土喪失の悪夢
尖閣・沖縄を売り渡すのは誰か

小川聡
大木聖馬

「尖閣問題は、先人の知恵にならい棚上げすることが平和への道だ」と説く総理経験者、大物政治家、元外交官……一見、もっともらしい言説には驚きの詐術が隠されていた。

579
凶悪犯罪者こそ更生します
岡本茂樹

誰もが「更生不可能」と判断する極悪人だからこそ、新たな気づきを得た時には、更生への意志が圧倒的に強くなる。受刑者教育にコペルニクス的転回をもたらした驚きの授業を初公開。

578
知の訓練
日本にとって政治とは何か

原武史

〝知〟を鍛えれば、日本の根源がはっきりと見えてくる——。天皇、都市、宗教、性など、私たちの日常に隠れた「政治」の重要性を説き明かす。第一級の政治学者による、白熱の集中講義！